BOAO FORUM FOR ASIA

潮起博鳌

博鳌亚洲论坛全记录

CHAOQI BOAO
BOAO YAZHOU LUNTAN QUANJILU

本书编写组◎编

新 华 出 版 社

图书在版编目（CIP）数据

潮起博鳌：博鳌亚洲论坛全记录 / 《潮起博鳌：博鳌亚洲论坛全记录》编写组编.
-- 北京：新华出版社, 2018.4
ISBN 978-7-5166-4047-0

Ⅰ. ①潮… Ⅱ. ①潮… Ⅲ. ①经济一体化 - 亚洲 - 2018
Ⅳ. ①F13

中国版本图书馆CIP数据核字(2018)第080354号

潮起博鳌：博鳌亚洲论坛全记录
编　　写：本书编写组

选题策划：要力石　　**责任印制：**廖成华
责任编辑：徐文贤　　**封面设计：**臻美书装

出版发行：新华出版社
地　　址：北京石景山区京原路8号　　**邮　　编：**100040
网　　址：http://www.xinhuapub.com
经　　销：新华书店、新华出版社天猫旗舰店、京东旗舰店及各大网店
购书热线：010－63077122　　**中国新闻书店购书热线：**010－63072012

照　　排：臻美书装
印　　刷：三河市君旺印务有限公司
成品尺寸：170mm × 240mm
印　　张：15　　**字　　数：**185千字
版　　次：2018年5月第一版　　**印　　次：**2018年5月第一次印刷
书　　号：ISBN 978-7-5166-4047-0
定　　价：38.00元

开放共创繁荣　创新引领未来

——在博鳌亚洲论坛2018年年会开幕式上的主旨演讲

（2018年4月10日，海南博鳌）

中华人民共和国主席　习近平

尊敬的各位元首，政府首脑，国际组织负责人，部长，

尊敬的各位博鳌亚洲论坛现任和候任理事，

各位来宾，

女士们，先生们，朋友们：

仲春时节的海南，山青海碧，日暖风轻。在这个美好的季节里，各国嘉宾汇聚一堂，出席博鳌亚洲论坛2018年年会。海南有一首民歌唱道："久久不见久久见，久久见过还想见。"今天，有机会在此同各位新老朋友见面，我感到十分高兴。

首先，我谨代表中国政府和中国人民，并以我个人名义，对各位嘉宾的到来表示诚挚的欢迎！对年会的召开表示热烈的祝贺！

博鳌亚洲论坛成立以来，立足亚洲，面向世界，在凝聚亚洲共识、促进各方合作、推进经济全球化、推动构建人类命运共同体等方面建言献策，提出许多富有价值的"博鳌方案"，作出了积极贡献。今年是论坛理事会换届之年。借此机会，我谨向即将离任的各位理事表示衷心的

感谢！对新当选的各位理事表示热烈的祝贺！

本届年会以“开放创新的亚洲，繁荣发展的世界”为主题，顺应时代潮流，符合各方期待。相信各位嘉宾和各界人士将畅所欲言，提出真知灼见。

女士们、先生们、朋友们！

历史，总是在一些特殊年份给人们以汲取智慧、继续前行的力量。2018 年是中国改革开放 40 周年，也是海南建省办经济特区 30 周年。海南省可谓“因改革开放而生，因改革开放而兴”。改革开放以来，海南从一个较为封闭落后的边陲岛屿，发展成为中国最开放、最具活力的地区之一，经济社会发展取得巨大成就。

一滴水可以反映出太阳的光辉，一个地方可以体现一个国家的风貌。海南发展是中国 40 年改革开放的一个重要历史见证。

1978 年，在邓小平先生倡导下，以中共十一届三中全会为标志，中国开启了改革开放历史征程。从农村到城市，从试点到推广，从经济体制改革到全面深化改革，40 年众志成城，40 年砥砺奋进，40 年春风化雨，中国人民用双手书写了国家和民族发展的壮丽史诗。

——40 年来，中国人民始终艰苦奋斗、顽强拼搏，极大解放和发展了中国社会生产力。天道酬勤，春华秋实。中国人民坚持聚精会神搞建设、坚持改革开放不动摇，持之以恒，锲而不舍，推动中国发生了翻天覆地的变化。今天，中国已经成为世界第二大经济体、第一大工业国、第一大货物贸易国、第一大外汇储备国。40 年来，按照可比价格计算，中国国内生产总值年均增长约 9.5%；以美元计算，中国对外贸易额年均增长 14.5%。中国人民生活从短缺走向充裕、从贫困走向小康，现行联合国标准下的 7 亿多贫困人口成功脱贫，占同期全球减贫人口总数 70% 以上。

——40 年来，中国人民始终上下求索、锐意进取，开辟了中国特色社会主义道路。中国人民坚持立足国情、放眼世界，既强调独立自主、自力更生又注重对外开放、合作共赢，既坚持社会主义制度又坚持社会主义市场经济改革方向，既“摸着石头过河”又加强顶层设计，不断研究新情况、解决新问题、总结新经验，成功开辟出一条中国特色社会主义道路。中国人民的成功实践昭示世人，通向现代化的道路不止一条，只要找准正确方向、驰而不息，条条大路通罗马。

——40 年来，中国人民始终与时俱进、一往无前，充分显示了中国力量。中国人民坚持解放思想、实事求是，实现解放思想和改革开放相互激荡、观念创新和实践探索相互促进，充分显示了思想引领的强大力量。中国人民勇于自我革命、自我革新，不断完善中国特色社会主义制度，不断革除阻碍发展的各方面体制机制弊端，充分显示了制度保障的强大力量。中国人民敢闯敢试、敢为人先，积极性、主动性、创造性空前高涨，充分显示了 13 亿多人民作为国家主人和真正英雄推动历史前进的强大力量。

——40 年来，中国人民始终敞开胸襟、拥抱世界，积极作出了中国贡献。改革开放是中国和世界共同发展进步的伟大历程。中国人民坚持对外开放基本国策，打开国门搞建设，成功实现从封闭半封闭到全方位开放的伟大转折。中国在对外开放中展现大国担当，从引进来到走出去，从加入世界贸易组织到共建“一带一路”，为应对亚洲金融危机和国际金融危机作出重大贡献，连续多年对世界经济增长贡献率超过 30%，成为世界经济增长的主要稳定器和动力源，促进了人类和平与发展的崇高事业。

今天，中国人民完全可以自豪地说，改革开放这场中国的第二次革命，不仅深刻改变了中国，也深刻影响了世界！

“天行有常”，“应之以治则吉”。中国进行改革开放，顺应了中国人民要发展、要创新、要美好生活的历史要求，契合了世界各国人民要发展、要合作、要和平生活的时代潮流。中国改革开放必然成功，也一定能够成功！

中国40年改革开放给人们提供了许多弥足珍贵的启示，其中最重要的一条就是，一个国家、一个民族要振兴，就必须在历史前进的逻辑中前进、在时代发展的潮流中发展。

女士们、先生们、朋友们！

放眼全球，当今世界正在经历新一轮大发展大变革大调整，人类面临的不稳定不确定因素依然很多。新一轮科技和产业革命给人类社会发展带来新的机遇，也提出前所未有的挑战。一些国家和地区的人民仍然生活在战争和冲突的阴影之下，很多老人、妇女、儿童依然饱受饥饿和贫穷的折磨。气候变化、重大传染性疾病等依然是人类面临的重大挑战。开放还是封闭，前进还是后退，人类面临着新的重大抉择。

面对复杂变化的世界，人类社会向何处去？亚洲前途在哪里？我认为，回答这些时代之问，我们要不畏浮云遮望眼，善于拨云见日，把握历史规律，认清世界大势。

当今世界，和平合作的潮流滚滚向前。和平与发展是世界各国人民的共同心声，冷战思维、零和博弈愈发陈旧落伍，妄自尊大或独善其身只能四处碰壁。只有坚持和平发展、携手合作，才能真正实现共赢、多赢。

当今世界，开放融通的潮流滚滚向前。人类社会发展的历史告诉我们，开放带来进步，封闭必然落后。世界已经成为你中有我、我中有你的地球村，各国经济社会发展日益相互联系、相互影响，推进互联互通、加快融合发展成为促进共同繁荣发展的必然选择。

当今世界，变革创新的潮流滚滚向前。中国的先人们早在2500多年前就认识到："苟利于民，不必法古；苟周于事，不必循俗"。变革创新是推动人类社会向前发展的根本动力。谁排斥变革，谁拒绝创新，谁就会落后于时代，谁就会被历史淘汰。

从顺应历史潮流、增进人类福祉出发，我提出推动构建人类命运共同体的倡议，并同有关各方多次深入交换意见。我高兴地看到，这一倡议得到越来越多国家和人民欢迎和认同，并被写进了联合国重要文件。我希望，各国人民同心协力、携手前行，努力构建人类命运共同体，共创和平、安宁、繁荣、开放、美丽的亚洲和世界。

——面向未来，我们要相互尊重、平等相待，坚持和平共处五项原则，尊重各国自主选择的社会制度和发展道路，尊重彼此核心利益和重大关切，走对话而不对抗、结伴而不结盟的国与国交往新路，不搞唯我独尊、你输我赢的零和游戏，不搞以邻为壑、恃强凌弱的强权霸道，妥善管控矛盾分歧，努力实现持久和平。

——面向未来，我们要对话协商、共担责任，秉持共同、综合、合作、可持续的安全理念，坚定维护以联合国宪章宗旨和原则为核心的国际秩序和国际体系，统筹应对传统和非传统安全挑战，深化双边和多边协作，促进不同安全机制间协调包容、互补合作，不这边搭台、那边拆台，实现普遍安全和共同安全。

——面向未来，我们要同舟共济、合作共赢，坚持走开放融通、互利共赢之路，构建开放型世界经济，加强二十国集团、亚太经合组织等多边框架内合作，推动贸易和投资自由化便利化，维护多边贸易体制，共同打造新技术、新产业、新业态、新模式，推动经济全球化朝着更加开放、包容、普惠、平衡、共赢的方向发展。

——面向未来，我们要兼容并蓄、和而不同，加强双边和多边框架内文化、教育、旅游、青年、媒体、卫生、减贫等领域合作，推动文明互鉴，使文明交流互鉴成为增进各国人民友谊的桥梁、推动社会进步的动力、维护地区和世界和平的纽带。

——面向未来，我们要敬畏自然、珍爱地球，树立绿色、低碳、可持续发展理念，尊崇、顺应、保护自然生态，加强气候变化、环境保护、节能减排等领域交流合作，共享经验、共迎挑战，不断开拓生产发展、生活富裕、生态良好的文明发展道路，为我们的子孙后代留下蓝天碧海、绿水青山。

女士们、先生们、朋友们!

去年 10 月召开的中共十九大宣告中国特色社会主义进入了新时代，制定了全面建设社会主义现代化强国的宏伟蓝图。中国特色社会主义进入新时代，掀开了实现中华民族伟大复兴的新篇章，开启了加强中国同世界交融发展的新画卷。

一个时代有一个时代的问题，一代人有一代人的使命。虽然我们已走过万水千山，但仍需要不断跋山涉水。在新时代，中国人民将继续自强不息、自我革新，坚定不移全面深化改革，逢山开路，遇水架桥，敢于向顽瘴痼疾开刀，勇于突破利益固化藩篱，将改革进行到底。中国人民将继续大胆创新、推动发展，坚定不移贯彻以人民为中心的发展思想，落实新发展理念，建设现代化经济体系，深化供给侧结构性改革，加快实施创新驱动发展战略、乡村振兴战略、区域协调发展战略，推进精准扶贫、精准脱贫，促进社会公平正义，不断增强人民获得感、幸福感、安全感。中国人民将继续扩大开放、加强合作，坚定不移奉行互利共赢的开放战略，坚持引进来和走出去并重，推动形成陆海内外联动、东西双向互济的开放格局，实行高水平的贸易和投资自由化便利化政策，探索建设中国特色自由贸易港。中国人民将继续与世界同行、为人类作出更大贡献，坚定不移走和平发展道路，积极发展全球伙伴关系，坚定支持多边主义，积极参与推动全球治理体系变革，构建新型国际关系，推动构建人类命运共同体。

无论中国发展到什么程度，我们都不会威胁谁，都不会颠覆现行国际体系，都不会谋求建立势力范围。中国始终是世界和平的建设者、全球发展的贡献者、国际秩序的维护者。

女士们、先生们、朋友们!

综合研判世界发展大势，经济全球化是不可逆转的时代潮流。正是基于这样的判断，我在中共十九大报告中强调，中国坚持对外开放的基本国策，坚持打开国门搞建设。我要明确告诉大家，中国开放的大门不会关闭，只会越开越大!

实践证明，过去40年中国经济发展是在开放条件下取得的，未来中国经济实现高质量发展也必须在更加开放条件下进行。这是中国基于发展需要作出的战略抉择，同时也是在以实际行动推动经济全球化造福世界各国人民。

在扩大开放方面，中国将采取以下重大举措。

第一，大幅度放宽市场准入。今年，我们将推出几项有标志意义的举措。在服务业特别是金融业方面，去年年底宣布的放宽银行、证券、保险行业外资股比限制的重大措施要确保落地，同时要加大开放力度，加快保险行业开放进程，放宽外资金融机构设立限制，扩大外资金融机构在华业务范围，拓宽中外金融市场合作领域。在制造业方面，目前已基本开放，保留限制的主要是汽车、船舶、飞机等少数行业，现在这些行业已经具备开放基础，下一步要尽快放宽外资股比限制特别是汽车行业外资限制。

第二，创造更有吸引力的投资环境。投资环境就像空气，空气清新才能吸引更多外资。过去，中国吸引外资主要靠优惠政策，现在要更多靠改善投资环境。我们将加强同国际经贸规则对接，增强透明度，强化产权保护，坚持依法办事，鼓励竞争、反对垄断。今年 3 月，我们组建了国家市场监督管理总局等新机构，对现有政府机构作出大幅度调整，坚决破除制约使市场在资源配置中起决定性作用、更好发挥政府作用的体制机制弊端。今年上半年，我们将完成修订外商投资负面清单工作，全面落实准入前国民待遇加负面清单管理制度。

第三，加强知识产权保护。这是完善产权保护制度最重要的内容，也是提高中国经济竞争力最大的激励。对此，外资企业有要求，中国企业更有要求。今年，我们将重新组建国家知识产权局，完善执法力量，加大执法力度，把违法成本显著提上去，把法律威慑作用充分发挥出来。我们鼓励中外企业开展正常技术交流合作，保护在华外资企业合法知识产权。同时，我们希望外国政府加强对中国知识产权的保护。

第四，主动扩大进口。内需是中国经济发展的基本动力，也是满足人民日益增长的美好生活需要的必然要求。中国不以追求贸易顺差为目标，真诚希望扩大进口，促进经常项目收支平衡。今年，我们将相当幅度降低汽车进口关税，同时降低部分其他产品进口关税，努力增加人民群众需求比较集中的特色优势产品进口，加快加入世界贸易组织《政府采购协定》进程。我们希望发达国家对正常合理的高技术产品贸易停止人为设限，放宽对华高技术产品出口管制。今年 11 月，我们将在上海举办首届中国国际进口博览会。这不是一般性的会展，而是我们主动开放市场的重大政策宣示和行动。欢迎各国朋友来华参加。

我想强调的是，我刚才宣布的这些对外开放重大举措，我们将尽快使之落地，宜早不宜迟，宜快不宜慢，努力让开放成果及早惠及中国企业和人民，及早惠及世界各国企业和人民。我相信，经过努力，中国金融业竞争力将明显提升，资本市场将持续健康发展，现代产业体系建设将加快推进，中国市场环境将大大改善，知识产权将得到有力保护，中国对外开放一定会打开一个全新的局面。

5 年前，我提出了共建“一带一路”倡议。5 年来，已经有 80 多个国家和国际组织同中国签署了合作协议。共建“一带一路”倡议源于中国，但机会和成果属于世界，中国不打地缘博弈小算盘，不搞封闭排他小圈子，不做凌驾于人的强买强卖。需要指出的是，“一带一路”建设是全新的事物，在合作中有些不同意见是完全正常的，只要各方秉持和遵循共商共建共享的原则，就一定能增进合作、化解分歧，把“一带一路”打造成为顺应经济全球化潮流的最广泛国际合作平台，让共建“一带一路”更好造福各国人民。

女士们、先生们、朋友们！

“积土而为山，积水而为海。”幸福和美好未来不会自己出现，成功属于勇毅而笃行的人。让我们坚持开放共赢，勇于变革创新，向着构建人类命运共同体的目标不断迈进，共创亚洲和世界的美好未来！

最后，预祝博鳌亚洲论坛 2018 年年会圆满成功！

谢谢大家。

目 录

CONTENTS

中篇 命运交响

下篇　博鳌智慧

上篇

博鳌时间

1. 博鳌时间

——开放创新的亚洲，繁荣发展的世界

亚洲进入博鳌时间　全球期待中国声音

2018 年 8 日至 11 日，博鳌亚洲论坛 2018 年年会将在海南博鳌举行。本次年会，以“开放创新的亚洲，繁荣发展的世界”为主题。各国专家学者期待听到共商合作共赢大计、共谋发展繁荣良方的博鳌声音、中国声音和亚洲声音。

中国智慧　凝聚各方开放共识

“对亚洲来说，和平与发展都很重要，博鳌亚洲论坛则为讨论这些议题提供了很好的平台。”受邀参加本次博鳌亚洲论坛年会的韩国首尔国立大学校长成乐寅说：“在建设开放型世界经济方面，中国正在努力做一些惠及他国的事。相信通过博鳌亚洲论坛，中国将进一步展现坚持走合作共赢道路的意愿。”

柬埔寨政府顾问、澜沧江－湄公河合作柬埔寨秘书处负责人索西帕

纳认为，当前国际形势和世界经济正在发生深刻复杂变化，面对这些变化，博鳌亚洲论坛将对世界经济增长和全球治理问题施以广泛影响，中国的改革开放与和平发展政策将惠及亚洲和世界。“解决全球发展问题，可能中国就是答案。”

美国中美研究中心学者苏拉布·古普塔认为，中国已经成为全球增长的最大贡献者，在即将举行的博鳌亚洲论坛年会上，中国作为地区和世界经济稳定器的作用将得到进一步凸显，“相信中国将继续承诺对世界经济多元化的支持”。

马来西亚中华总商会社会经济研究中心执行董事李兴裕说，中国对全球贸易自由化的捍卫，为亚洲国家创造了很好的经济发展环境。我们希望中国以博鳌亚洲论坛为平台，继续捍卫自由贸易体系，为世界经济可持续发展注入强心剂。

阿拉伯投资者联盟主席贾迈勒·巴尤米说，通过博鳌亚洲论坛等平台，中国与广大发展中国家和新兴经济体不断深化经贸合作关系。我们期待中国继续在全球贸易中扮演稳定器角色，希望中国经济增长继续带动其他发展中国家繁荣发展。

亚洲力量　促进世界繁荣发展

“立足亚洲，博鳌亚洲论坛将发挥亚洲作为世界经济增长重要贡献力量的作用，进而推动整个世界经济繁荣发展。”墨西哥城自治大学国际政治研究员何塞·路易斯·莱昂－曼里克斯说。围绕开放创新的主题，数字经济、新兴经济体、新一轮技术革命等都将成为国际社会对本次博鳌亚洲论坛年会的关注点。

泰国国家发展行政学院国际问题专家李仁良认为，当前，全球经济发展重心正在东移，亚洲和世界新兴经济体面临着经济结构升级的机遇和挑战，因此各国都提出创新驱动发展规划，如泰国 4.0 发展战略、“中国制造 2025”等，都代表着未来经济发展的方向，将给世界带来可持续的经济繁荣。

巴基斯坦拉瓦尔品第商会董事施迈尔·达乌德说，世界经济正在经历深刻变革，面临许多潜在风险和困难，为确保经济持续繁荣，亚洲国家应向中国学习，利用好创新驱动战略所创造的机会，“这是未来实现可持续增长的唯一途径”。

“博鳌亚洲论坛已经成为具有全球意义的重要地区论坛，正在成为亚洲版的世界经济论坛。”美国哈佛大学亚洲中心高级研究员威廉·奥弗霍尔特认为，本次年会将要讨论的创新驱动发展是亚洲经济体可以取得长期成功的重要推动力。

澳大利亚国立大学东亚研究所所长彼得·德莱斯代尔认为，亚洲国家必须捍卫一个开放的多边贸易体系，在本地区乃至世界范围推动开放和改革，这将提升亚洲的增长潜力，抵御贸易保护主义对以规则为基础的多边贸易体制的冲击。

命运与共　共创人类美好未来

欧洲议会欧中友好小组秘书长盖琳认为，人类的未来，必将是世界各民族超越种族和文化差异、因共同命运而聚集到一起并建立一个相互合作的世界。在当今世界格局的转型期，构建人类命运共同体无疑是维护世界和平稳定发展的最佳选择。

“博鳌亚洲论坛正是亚洲各国推动构建亚洲命运共同体的良好平台。”肯尼亚内罗毕大学国际经济学讲师盖里雄·伊基亚拉说，亚洲经济发展进入关键转型期，也迎来重要机遇期，亚洲各国只有增强互信、秉持人类命运共同体理念，才能推动构建亚洲命运共同体，更好地给世界带来可持续的经济繁荣。

印度尼西亚大学副校长扎卡里亚·阿菲夫说，全球化进程处在十字路口，这让我们对人类命运共同体这一重大主题有了更深刻理解。中国坚持的发展方向、秉持的发展理念，为地区和世界建立合作与信任作出重要贡献。在这个意义上，博鳌亚洲论坛是一个推动亚洲国家携手共创美好未来的重要平台。

日本佳能全球战略研究所研究主任濑口清之说，2010 年后亚洲经济圈便已甩开欧美而逐渐成为世界经济领跑者，为了进一步引领世界经济发展，亚洲各国需要加强区域合作，实现共赢发展，这是亚洲命运共同体理念的重要体现。

新加坡国立大学校长陈永财认为，全球化进程把亚洲各国命运紧密联系到一起，任何一个国家要谋求发展，必须有和平稳定的国际环境，要和其他国家发展互惠的合作关系，这应该是亚洲命运共同体和人类命运共同体的重要内涵。

在世界舞台上发出更加响亮的亚洲声音

亚洲媒体高峰会议2018年4月9日于博鳌亚洲论坛2018年年会期间在海南三亚举行。来自亚洲40个国家140余位主流媒体负责人，以及亚洲文化学者和有关方面代表300多人出席开幕式。

聚焦增强话语权和影响力、共话推动构建命运共同体、畅议加强文明交流互鉴……与会人士共聚一堂，共谋发展，共商合作，携手为建设美好亚洲、美好世界汇聚强大舆论动力。

唱响亚洲发展主旋律

向世界唱响亚洲发展进步的主旋律，是亚洲媒体必须肩负的职责使命。改变亚洲声音偏小的现状，团结发出亚洲之声，不断增强话语权和影响力，是摆在亚洲媒体面前的重要课题。

与会人士表示，亚洲媒体应该坚定捍卫、积极促进世界公平正义，广泛传递亚洲声音和诉求，促进国际舆论更加客观平衡。要提振发展信心、稳定发展预期，充分报道各国发展理念和经验，讲好亚洲人民创新创造的故事，为亚洲实现更高质量、更具韧性、更可持续的发展营造良好氛围。

“我们要为各国各民族创建更美好的未来，加强彼此间的合作。加强彼此合作，将使我们更好应对单边主义舆论浪潮，并将改变这种情况。”

伊朗伊斯兰共和国通讯社社长赛义德·齐亚·哈什米说。

面对亚洲声音遇到的挑战，菲律宾国家电视台副台长瑞伊思·艾格认为，“一带一路”倡议开启了一个更好、更广阔的媒体合作平台。“‘一带一路’沿线国家可以有效地参与进来，进行信息和报道之间的交流和合作。我们所讲述的故事能更好地帮助人们了解什么是‘一带一路’，它是什么、它希望实现什么、它带来什么利益、如何让人民受益等等。”瑞伊思·艾格说。

推动构建命运共同体

在当前世界大发展大变革大调整的背景下，习近平主席创造性提出构建亚洲和人类命运共同体等一系列关乎人类前途命运的重要思想和主张，为推动世界和平发展、亚洲繁荣进步提供了中国智慧和中国方案。

与会者表示，媒体是传播信息、加强了解、促进沟通、增信释疑的重要渠道，为构建亚洲和人类命运共同体鼓与呼，应当成为亚洲媒体的共同行动。

在谈及通过媒体加强交流合作助力构建亚洲命运共同体时，老挝万象时报总编辑通勒·端沙万认为，媒体的交流合作有利于信息更快速、更广泛、更便捷、更精准地传播，有利于受众获取更多有益信息，增进理解、包容，有利于各国媒体特别是不发达国家媒体的人力资源建设，有利于在亚洲和世界建设宜居、和平、稳定、幸福的国际环境。

巴勒斯坦通讯社总编辑胡路德·阿塔里表示，媒体能够发挥舆论引导作用，传播爱的声音。在世界面临恐怖主义、气候变化、网络安全等诸多挑战之时，我们迫切需要更加有力的媒体合作战略，为构建人类命运共同体发挥更重要的作用。

架起文明交流的桥梁

如同花园里竞相绽放的花朵，文明只有姹紫嫣红之别，没有高低优劣之分。漫长的历史长河中，亚洲各国孕育了绚丽悠久的文明，他们美美与共，构成东方文明之美，也成为今日亚洲腾飞的底蕴与自信。

“一花独放不是春，百花齐放春满园”“你中有我、我中有你”“亲如兄弟、亲如一家”……与会人士纷纷用生动的语言，表达加强文明间对话交流、加强各国人民间了解理解、促进各种文明和谐共生的意愿。

“我们有很多相似的地方，我们的人民谦逊而勤奋，这是亚洲人的共同点。”缅甸天网电视台节目部总监叶凌锋说，亚洲国家要加强文化交流，媒体的传播帮助人们学习了解不同的文化，为人们开阔眼界打开了一扇窗。

吉尔吉斯斯坦德隆电视台台长张素兰认为，媒体是文明间交流互动的重要平台，对各国文明应持开放包容的态度。“各国文明都有其独特的发展演变过程，只有包容，尊重，和而不同，才能迸发新元素，增加新亮点，带来新动力。”

世界好，亚洲才能好；亚洲好，世界才能好。人们有理由相信，伴随着深化合作、增进共识、互联互通的坚实步伐，亚洲媒体将在国际舞台上发挥更大作用，发出更加嘹亮的亚洲声音。

博鳌亚洲论坛2018年年会五大看点

博鳌亚洲论坛2018年年会在海南博鳌举行，习近平主席应邀出席论坛年会开幕式并将发表重要主旨演讲。

本次年会主题为“开放创新的亚洲，繁荣发展的世界”，来自各国的2000多位嘉宾将汇聚一堂，期间有哪些看点值得期待？

看点一：时间节点不寻常

2018年是中国改革开放40周年，也是贯彻落实党的十九大精神的开局之年。在这一重要历史时刻，习近平主席将应邀出席论坛年会开幕式并发表重要主旨演讲，备受外界瞩目。

中国改革开放取得了哪些伟大成就，有什么重要经验和启示，产生了什么世界意义和影响？在新的历史关口，中国又将如何推动对外开放再扩大，深化改革再出发？习近平主席将对这些问题作出最权威的阐释，外界也将听到一系列新的改革开放重要举措。

“新时代中国开启的深化改革扩大开放进程，不仅仅是原有改革开放的升级，而是在开放的思想观念、结构布局、体制机制上的进一步拓展。”中国国际经济交流中心学术委员会委员王军说。

博鳌亚洲论坛研究院执行副院长杨希雨认为，中国的改革开放实现了从“摸着石头过河”到更加注重顶层设计的转变。“中国开启的新一轮改革开放，将对解决世界面临的结构性改革难题发挥示范、启迪和引领作用。”

看点二：主题选择有深意

“开放”和“创新”，是今年论坛年会主题的两大关键词。专家表示，当前世界经济不稳定不确定因素很多，亚洲各国应充分挖掘创新动力，推动区域合作和经济一体化，为世界经济发展作贡献。

“新一轮全球科技革命正孕育兴起。无论是发达国家还是发展中国家都应当在科技创新方面寻求突破，不断解放和发展社会生产力，提高劳动生产率，这是实现持续繁荣发展的必由之路。”王军说。

清华大学经济外交研究中心主任何茂春认为，近年来，中国在开放、创新领域采取了很多行动，如全面实施市场准入负面清单制度，大幅放宽外资进入金融业的比例限制，大力实施创新驱动发展战略等。此次论坛有助于各方交流经验做法，以科技创新撬动新一轮增长潜力，推动亚洲实现更大范围、更高水平的区域合作。“在逆全球化和保护主义抬头的背景下，亚洲和世界都更加需要开放、联动，也期待中国发挥更大作用。”何茂春说。

看点三：重磅嘉宾云集

据了解，出席今年论坛年会的嘉宾超过 2000 人，从国家元首、政府首脑到国际组织负责人，从商界领袖、专家学者到媒体精英，可谓重磅嘉宾云集。

习近平作为中国国家主席第三次出席博鳌亚洲论坛年会。此外，奥地利总统范德贝伦、菲律宾总统杜特尔特、蒙古国总理呼日勒苏赫、荷兰首相吕特、巴基斯坦总理阿巴西、新加坡总理李显龙，以及联合国秘书长古特雷斯和国际货币基金组织总裁拉加德等也将应邀出席年会。

论坛秘书长周文重说，中国领导人亲自与会并发表重要演讲，世界500强企业中有100多家派代表参加年会，不少中国知名大企业董事长、CEO也将出席会议。

“出席今年年会的嘉宾地域分布更加广泛，界别更加多元。”杨希雨说，这是一个零距离观察和了解中国未来政策走向的机会，也是商界人士发现商机、寻求合作的平台。

看点四：议题设置透露诸多“中国机遇”

本届年会拟设置“全球化与‘一带一路’”“开放的亚洲”“创新”“改革再出发”等四个板块，安排60多场正式讨论。年会还将就粤港澳大湾区、雄安新区建设、生态文明建设等设置专题讨论。

中国城镇化的“城市群”模式、楼市、人民币国际化……年会不少议题都是关于中国的。王军认为，这体现了各方期待搭上中国发展的顺风车，与中国共享发展机遇。

“中国经济连续几十年保持高速增长，成为世界第二大经济体。中国对全球经济增长贡献率超过30%。中国经济持续健康发展本身对世界经济就是一种贡献。”王军说，在全球治理、公共产品供给方面中国也不断发挥其作用，展现出负责任的大国形象。

今年是“一带一路”倡议提出五周年。五年来，该倡议不仅为全球所认可，还切实落地了诸多项目。据了解，本届年会将举行“一带一路：

成功案例与经验分享”圆桌会。瓜达尔港、中欧班列等“一带一路”重大工程项目的相关政府和企业代表，将介绍“一带一路”的具体实践，分享心得体会。

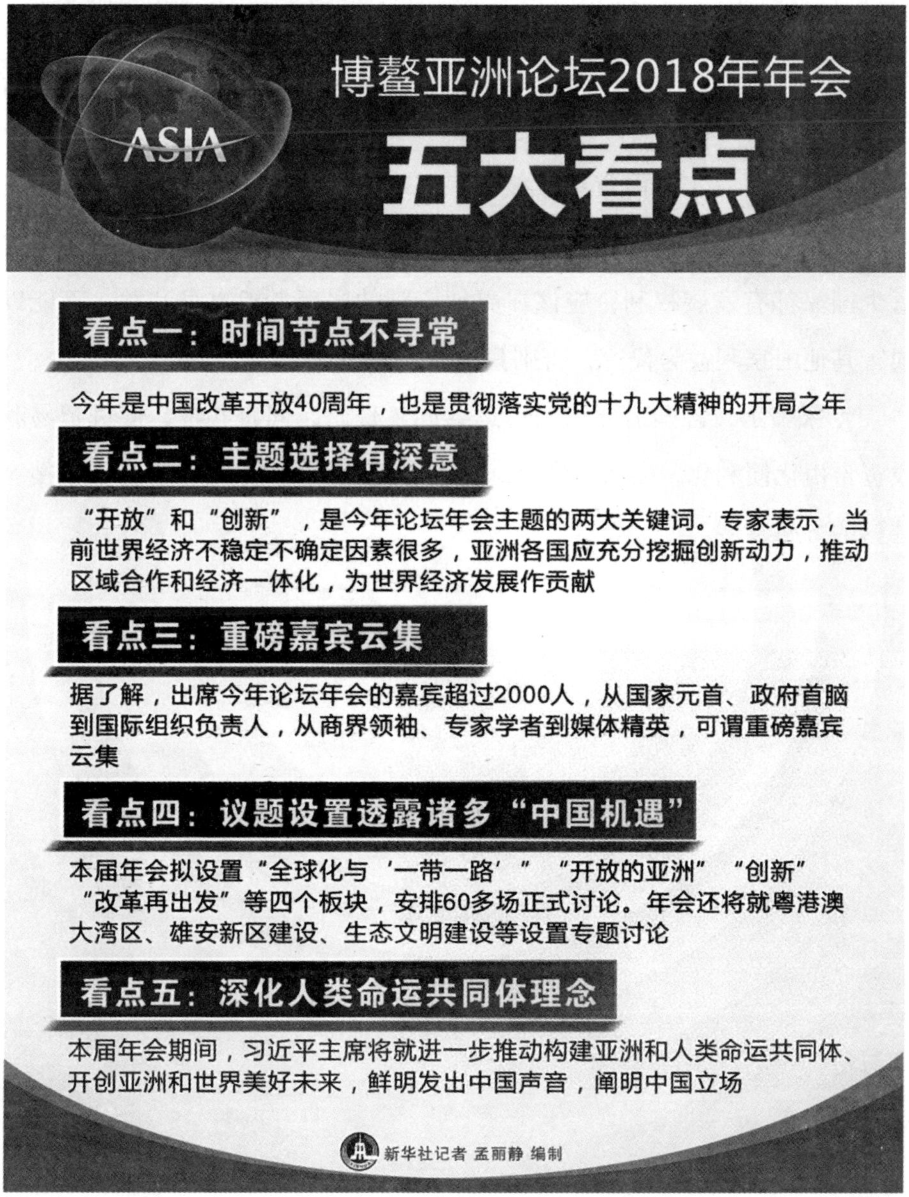

看点五：深化人类命运共同体理念

本届年会期间，习近平主席将就进一步推动构建亚洲和人类命运共同体、开创亚洲和世界美好未来，鲜明发出中国声音，阐明中国立场。

“当今世界正处在大发展大变革大调整时期，人类命运共同体理念为国际关系指明了方向，具有历史性的划时代意义。”杨希雨说。

他认为，对于当前贸易摩擦等很多现实问题，人类命运共同体理念也有很强的针对性。人类已经成为你中有我、我中有你的命运共同体。每个国家都有发展权利，应该在更加广阔的层面考虑自身利益，不能以损害其他国家利益为代价，否则只能是损人害己。

专家表示，各国需要树立命运共同体理念，同舟共济，促进贸易和投资自由化便利化，推动经济全球化朝着更加开放、包容、普惠、平衡、共赢的方向发展。

◎延伸阅读◎

共创亚洲和世界的美好未来

仲春时节，海阔天高。全球 2000 多位各界嘉宾聚首海南博鳌，共商合作共赢大计，探求发展繁荣良方。

2018 年 4 月 10 日上午，国家主席习近平出席博鳌亚洲论坛 2018 年年会开幕式并发表主旨演讲，回顾中国改革开放 40 年伟大历程，宣示新时代深化改革、扩大开放的坚定决心与重大举措，彰显了中国继续与世界同行、共创亚洲和世界美好未来的满满诚意与大国担当，赢得各界广泛赞誉。

春华秋实　中国发展奇迹启迪世界

“中国 40 年改革开放给人们提供了许多弥足珍贵的启示，其中最重要的一条就是，一个国家、一个民族要振兴，就必须在历史前进的逻辑中前进、在时代发展的潮流中发展。”习近平主席的话语道出了中国发展奇迹背后的真谛。

在演讲中，习近平主席用“中国的第二次革命”来描述改革开放为中国和世界带来的深刻改变和影响。

今年是中国改革开放 40 周年。40 年众志成城，40 年砥砺奋进，40 年春风化雨，中国早已跃居为世界第二大经济体、第一大工业国、第一大货物贸易国、第一大外汇储备国，成功实现从封闭半封闭到全方位开放的伟大转折。

这是中国人民用双手书写的国家和民族发展壮丽史诗——

“始终艰苦奋斗、顽强拼搏，极大解放和发展了中国社会生产力”；

“始终上下求索、锐意进取，开辟了中国特色社会主义道路”；

“始终与时俱进、一往无前，充分显示了中国力量”；

“始终敞开胸襟、拥抱世界，积极作出了中国贡献”。

“中国进行改革开放，顺应了中国人民要发展、要创新、要美好生活的历史要求，契合了世界各国人民要发展、要合作、要和平生活的时代潮流。中国改革开放必然成功，也一定能够成功！”习近平主席的话揭示了中国改革开放取得成功的必然逻辑，抒发了中国人民勇往直前的豪迈与自信。

——这是中国人民坚定走改革开放之路的自信。

“中国加入世界贸易组织之前，很多人担心，扩大开放可能导致国内产业崩溃。”江苏天合光能有限公司董事长兼首席执行官高纪凡说，经过多年发展，中国很多企业已具备较强的国际竞争力，不再惧怕扩大开放。

——这是中国与世界同行、为世界提供更大合作机遇的自信。

“40 年前，中国经济还相对落后，看看现在的中国！”现场聆听习近平主席演讲的奥地利总统范德贝伦感慨地说，中国坚定推进改革开放，不仅造福中国，还造福全球。这次访华，范德贝伦总统带来了史无前例的“超级代表团”，不仅包括总理库尔茨和数位部长，还包括约 170 名经济界代表和 30 名文化和科学界代表，重视程度可见一斑。

——这是为世界发展提供更多选项的自信。

习近平主席指出，中国人民的成功实践昭示世人，通向现代化的道路不止一条，只要找准正确方向、驰而不息，条条大路通罗马。

新加坡国立大学东亚研究所所长郑永年认为，中国的改革开放不仅改变了中国与世界的关系、改变了世界格局，更为其他国家开放发展提供了成功的范本。

“对于发展中国家来说，中国的经验也是非常好的参考，很多国家都希望学习中国，比如产业结构合理化改革，应对全球化的措施等等。所以也希望中国意识到这些渴望学习中国的国家，让它们得到正确的经验，少走弯路。”博鳌亚洲论坛理事长福田康夫说。

把握大势　中国方案引领未来

放眼全球，当今世界正在经历新一轮大发展大变革大调整，人类面临的不稳定不确定因素依然很多。面对复杂变化的世界，人类社会向何处去？亚洲前途在哪里？

把握历史规律，认清世界大势，习近平主席在演讲中就推动构建人类命运共同体进一步阐明路径，明确作答“时代之问”——

“相互尊重、平等相待”；

“对话协商、共担责任”；

“同舟共济、合作共赢”；

“兼容并蓄、和而不同”；

“敬畏自然、珍爱地球”。

“我希望，各国人民同心协力、携手前行，努力构建人类命运共同体，共创和平、安宁、繁荣、开放、美丽的亚洲和世界。”精辟的阐述，彰显出习近平主席作为大国领袖和世界级领导人的视野与担当。

——推动构建亚洲和人类命运共同体，中国理念不断完善，力度不断加大。

从2013年年会到2015年年会，再到2018年年会，习近平主席在小镇博鳌提出并深刻阐释推动构建亚洲和人类命运共同体的重大理念；

从写进党章到载入宪法，“构建人类命运共同体”成为新时代中国特色大国外交的目标。

外交学院教授张历历说，中国统筹推进经济、政治、文化、社会、生态文明建设“五位一体”总体布局，这五方面也是构建人类命运共同体的主要内容。“不论是国内治理、还是全球治理，都坚持以人民的获得为目标，体现了中国以‘中国之治’推动‘世界之治’的治理思路。”

——推动构建亚洲和人类命运共同体，中国方案不断推进，赢得世界广泛支持。

“共建‘一带一路’倡议源于中国，但机会和成果属于世界，中国不打地缘博弈小算盘，不搞封闭排他小圈子，不做凌驾于人的强买强卖。”习近平主席指出。

自“一带一路”倡议提出以来，中国已同80多个国家和国际组织签署共建合作协议，同30多个国家开展了机制化产能合作。

巴基斯坦总理阿巴西说，“一带一路”倡议已成为全球公共产品，它极具前瞻性，“将造福我们子孙后代，也将塑造21世纪”。

砥砺前行　中国改革开放必将为世界作出更大贡献

虽已走过万水千山，但仍需要不断跋山涉水。

新时代，新使命。

“继续自强不息、自我革新，坚定不移全面深化改革”；“继续大胆创新、推动发展，坚定不移贯彻以人民为中心的发展思想”；“继续扩大开放、加强合作，坚定不移奉行互利共赢的开放战略”；“继续与世界同行、为人类作出更大贡献，坚定不移走和平发展道路”……

习近平主席在演讲中用四个“继续”概括了新时代中国人民前进的方向。

“整场演讲从全局着眼，果决而无畏。”罗兰贝格中国区 CEO 戴璞认为，习近平主席此次演讲与之前在达沃斯世界经济论坛 2017 年年会上的演讲一脉相承，“凭借中国道路及自我革命的成功，习主席对全球化这一不可逆转的趋势作出了振奋人心的阐释”。

——风云激荡时刻，更显中国中流砥柱本色。

“大幅度放宽市场准入”“创造更有吸引力的投资环境”“加强知识产权保护”“主动扩大进口”……习近平主席明确向世界宣示：中国开放的大门不会关闭，只会越开越大！

这是中国基于发展需要作出的战略抉择，同时也是在以实际行动推动经济全球化造福世界各国人民。

“不是别人要我们开放，而是我们自身要开放，在开放中促进改革发展，在开放中促进源头核心技术的进步。”科大讯飞董事长刘庆峰认为，加强知识产权保护，外资企业有要求，中国企业更有要求；中国对外开放再扩大，深化改革再出发，绝不仅是旧版本的小幅优化，而将是经济社会现代化进程的重大转型升级。

——稳步迈向世界，中国改革开放保持自己的节奏与定力。

确保放宽银行、证券、保险行业外资股比限制措施落地；尽快放宽外资股比限制特别是汽车行业外资限制；全面落实准入前国民待遇加负面清单管理制度；加快加入世界贸易组织《政府采购协定》进程；举办首届中国国际进口博览会……一项项重大务实举措，折射的是中国改革开放的决心，更是“到大海中游泳”的信心。

中国华融资产管理股份有限公司董事长赖小民用“前所未有”来形容金融开放的力度。“过去40年，我们靠改革开放发展进步；未来，我们还是要靠改革开放来推动新时代高质量发展新的进步。”

——贡献全球经济，迈向世界舞台中央的中国展现大国担当。

针对这些对外开放重大举措，习近平主席指出，将尽快使之落地，宜早不宜迟，宜快不宜慢，努力让开放成果及早惠及中国企业和人民，及早惠及世界各国企业和人民。

“中国的改革开放不仅是中国的事情，也关乎全球。”中国（海南）改革发展研究院院长迟福林说，在改革开放40周年之际，中国释放下一步改革开放的重大举措，为世界应对贸易保护主义挑战注入了强大信心，为推进更加均衡的经济全球化提供了强大推动力。

“改革开放对中国的过去如此重要，对中国的未来也同样重要。”阿里巴巴董事局主席马云认为，中国会继续改革开放，这对世界而言“是一颗定心丸”。

心之所向，行之所至。

坚持开放共赢，勇于变革创新，向着构建人类命运共同体的目标不断迈进，只要全球携手同行，一定能够共创亚洲和世界的美好未来！

凝聚广泛共识　探讨共赢大计

春意盎然之际，“博鳌时间”将启。国家主席习近平应邀出席博鳌亚洲论坛年会开幕式并将发表重要主旨演讲，成为本届年会最大亮点。4月8日至11日，博鳌亚洲论坛2018年年会召开，2000多位各国嘉宾将聚首中国海南，围绕“开放创新的亚洲，繁荣发展的世界”主题，凝聚共识，探讨合作共赢大计。

此次论坛，适逢中国改革开放40周年、贯彻落实中共十九大精神开局之年。新的历史当口，中国将如何推动开放再扩大、深化改革再出发，世界高度关注；继“人类命运共同体”理念载入中共党章、中国宪法之后，新时代的中国将如何推动构建新型国际关系、打造亚洲和人类命运共同体，全球拭目以待。

当今世界，也是逆全球化思潮抬头、西方某些国家贸易和投资保护主义进一步上升之际。正如年会主题所表述的那样，博鳌亚洲论坛历来倡导在开放合作中实现互利共赢、共同发展。当前的亚洲和世界，比以往任何时候都更加需要开放发展、联动发展、包容发展、平衡发展。对那些挑衅和破坏全球自由贸易的行径，倡导开放的“博鳌力量”必会予以回应。

创新引领未来。“未来的交通”“未来的生产”“未来的通信”……本届年会众多分议题围绕创新，着眼长远未来。作为对世界经济增长贡献率超过50%的地区，新一轮开放创新浪潮涌动下的亚洲，必将为世界经济繁荣发展提供更加澎湃的动力源。同时，中国经济已由高速增长阶段转向高质量发展阶段，创新驱动发展正形成多主体协同、全方位推进的崭新局面。这样的亚洲与中国，和世界同频共振，为世界带来更多发展机遇。

到2018年，博鳌亚洲论坛已走过17年历程，其规模和影响不断扩大。在观点的碰撞中产生智慧，在思想的交流中聚合力量，博鳌亚洲论坛推动不同文明兼容并蓄、交流互鉴，超越意识形态和社会制度差异，不断推动亚洲内部认同强化，夯实“亚洲世纪”的思想基础。相信随着2018年年会的成功举行，博鳌亚洲论坛会以更加成熟的姿态贡献力量，带给世界更大的惊喜。

2. 博鳌方案

——博鳌亚洲论坛影响力

“一带一路”再出发　与世界共谋发展机遇

2018 年是“一带一路”倡议提出五周年。出席博鳌亚洲论坛 2018 年年会的中外专家学者、政府官员表示，“一带一路”倡议提出以来，以共商、共建、共享为核心，实现了参与经济体的普惠发展。站在新的起点，“一带一路”将拓展新的合作共赢模式，推动世界经济更加均衡、包容和可持续发展。

共商共建共享实现普惠发展

“过去我们经常没有电，一断就是几天，现在不会有这种情况了。”马耳他共和国驻华大使约翰·阿奎利纳说，马耳他老百姓获得了更清洁、更可靠的能源，而这样的变化来自中国“一带一路”建设。

作为地中海中心的岛国，马耳他资源有限，但依然希望创造更好的经济增长。阿奎利纳说，以 2013 年 9 月启动的上海电力与马耳他能源合作项目为起点，中国“一带一路”建设提供了互利解决方案。

泰国前副总理、博鳌亚洲论坛理事素拉杰·沙田泰说，中国在发展过程中提出了“一带一路”倡议等理念和公共产品，值得称赞。“一带一路”倡议不仅带来基础设施的联通，还促进了民心相通、跨文化交流及数字经济的联通，保证了开放型经济的稳步前行。

商务部最新数据显示，自“一带一路”倡议提出以来，中国与相关国家进出口总额增长 14.8%，累计直接投资超 600 亿美元。

随着“一带一路”政策沟通、设施联通、贸易畅通、资金融通、民心相通“五大愿景”逐步开花结果，越来越多的国家、国际组织和企业对“一带一路”倡议投出了“信任票”和“支持票”。

联合国秘书长古特雷斯说，无论是南南合作，还是推动实现联合国 2030 年可持续发展目标，中国都扮演着重要角色。“一带一路”倡议不仅对发展中国家具有重要意义，对整个世界的经济发展、经济合作都意义重大。

2016 年 11 月，联合国大会首次在决议中写入中国的“一带一路”倡议，该决议得到 193 个会员国的一致赞同。

根据博鳌亚洲论坛发布的《亚洲竞争力 2018 年度报告》，“一带一路”倡议在推动跨越“数字鸿沟”、教育减贫、文化交流、让更多民众分享经济全球化一体化“蛋糕”等方面释放积极红利，使那些过去“被全球化遗忘的角落”获得重大发展机遇。

行稳致远共谋互利合作新篇章

作为中国唯一的热带省份岛屿，海南 30 年以前曾是一个连红绿灯都没有的落后边陲岛屿；今天，海南海陆空交通体系连通世界，拥有世界上第一条环岛高速铁路。

前来海南参加博鳌亚洲论坛的专家表示，海南的发展是中国经济发展成功的一个典型案例，中国通过“一带一路”建设正在把类似的发展经验与世界共享。

习近平主席指出，推进“一带一路”建设，要聚焦发展这个根本性问题，释放各国发展潜力，实现经济大融合、发展大联动、成果大共享。

“孤举者难起，众行者易趋。”商务部国际贸易经济合作研究院院长顾学明说，“一带一路”的最终目标是要实现合作共赢，不仅着眼于中国自身发展，而且以中国发展为契机，让更多国家搭上中国发展快车。

“‘一带一路’倡议沿袭了中国经济的发展模式。”博鳌亚洲论坛联合德勤发布的一份报告指出，“一带一路”最初的侧重点是能源与基础设施，现在正逐渐拓宽至贸易、制造业、互联网和旅游业。有竞争优势的跨国企业开始赢得“一带一路”相关合同。在不远的将来，更多此类企业有望成为赢家。

合作是“一带一路”建设的一大主题词，从发达国家到发展中国家，都表达出强烈的合作愿望。荷兰首相马克·吕特表示，荷兰企业对“一带一路”议题兴趣浓厚。“一带一路”为荷兰企业呈现了许多机会。荷兰企业在海上物流、港口发展、铁路公路建设、可持续性等领域拥有专长，可为中国提供支持。

奥地利总理塞巴斯蒂安·库尔茨说，在“一带一路”框架下，运输、能源、电信、智能城市和可再生能源、农村发展、金融服务和电子商务等领域的合作非常具有吸引力。此外，“一带一路”为中国和奥地利在第三方市场开展合作提供了机会。

泰国文化部部长威拉·洛普乍纳拉说，泰国重视“东部经济走廊

（EEC）”建设，这个开放的走廊需要与海上和大陆的丝绸之路连接，通过中泰铁路项目等合作，可以创造具有包容性的更可持续的发展。

凝聚新共识破解经济全球化困境

过去30多年来，经济全球化推进速度之快、拓展范围之广超乎想象，但从中衍生出的发展不平衡等问题也日益引发关注。

专家认为，共商、共建、共享是推进“一带一路”的黄金法则，“一带一路”建设有助于破解经济全球化困境，推动世界经济更加均衡、包容和可持续发展。

海峡两岸关系协会会长、中国商务部原部长陈德铭说，由于发展不平衡，世界上还有很多国家无法进入全球价值链。“一带一路”倡议是中国基于改革开放融入全球价值链经验的分享，通过推动包容开放、合作共赢的“一带一路”建设，能够帮助一些自身能力还不够的国家，尽快融入全球价值链当中实现更快更好的发展。

“‘一带一路’建设与全球化紧密相连，有助于帮助亚洲各经济体提升竞争力。”博鳌亚洲论坛秘书长周文重说，“一带一路”为应对逆全球化的挑战提供了新的路径和方法，也是实现经济社会发展经验分享和成果共享的平台。

古特雷斯说，希望因“一带一路”项目受益的国家能够在经济上充分融合，使“一带一路”的红利造福不同的人群，让他们充分受益于这些项目带来的积极影响。

“只有给当地的民众带来福祉，才有持续的生命力。改善民生、造福百姓是中国推进‘一带一路’不忘的初心。”中国外交部部长助理陈晓东说。

从海南建省办特区看中国改革开放40年

这是中国改革开放大棋局中的关键落子——

30年砥砺奋进，成就了海南特区从边陲海岛到国际旅游岛的华丽蜕变。

这是中国特色社会主义道路上的昂扬动力——

40年改革开放，浓缩着一个民族奋起直追的伟大跨越。

“改革开放是当代中国发展进步的必由之路，是实现中国梦的必由之路。”“逢山开路，遇水架桥，将改革进行到底。”习近平总书记2018年的新年贺词，吹响了新时代的奋进号角。

乘着浩荡的东风，承载13亿多中国人民伟大复兴梦想的中华巨轮，将在改革开放新航程上继续劈波斩浪，向着充满希望的明天扬帆远航！

“进行改革开放新的伟大革命”——海南经济特区30年跨越，印证改革开放是决定当代中国命运的关键抉择，是中国特色社会主义不断开辟新境界的根本动力

春天的海南岛，万木争荣，天高海阔。

2013年4月，习近平总书记来到琼海市潭门镇看望渔民群众，祝愿他们收入越来越多，日子越过越好。

“从最早25吨的小木船到上百吨的钢质船，从偏远落后的小渔村到现在全国知名的渔港风情小镇，我们的日子越过越好了！”谈起这些年的变化，潭门“老船长”王书茂激情满怀。

潭门渔村的变迁，是海南经济特区30年跨越式发展的缩影。

“海南作为全国最大经济特区，后发优势多，发展潜力大，要以国际旅游岛建设为总抓手，闯出一条跨越式发展路子来，争创中国特色社会主义实践范例，谱写美丽中国海南篇章。”

五年前，习近平总书记考察海南时肯定了海南办特区的探索，并赋予海南新的使命。

1988年4月13日，七届全国人大一次会议通过关于设立海南省的决定和关于建立海南经济特区的决议，一举将海南岛推向中国改革开放的最前沿。

“设立海南特区对中国改革开放有着特殊意义。”早期参与海南行政体制改革设计的海南省行政学院原院长廖逊说。

建省前，隶属广东省的海南行政区，85%的商品靠内地调进，17%左右人口未解决温饱……30年前海南的封闭贫穷，是改革开放前中国的真实写照。

30年砥砺奋进，海南实现了从封闭落后的边陲海岛到欣欣向荣的国际旅游岛的大跨越——

航空航线由当午4条拓至400多条，开通国内外货运航线337条、邮轮航线14条，海口、三亚、博鳌三大机场相继建成，4G、光纤全覆盖……

30年来，海南基础设施极大改善。全省实现地区生产总值增长21.8倍，地方一般公共预算收入增长226.8倍。

博鳌亚洲论坛永久举办地、全球唯一的环岛高铁、中国文昌航天发射场、中科院深海科学与工程研究所……一张张享誉世界的“海南名片”闪闪发亮。

30年砥砺奋进，海南实现了从人民群众基本温饱尚未解决到迈向全面小康的大跨越——

“三梁六柱一间房，几块竹片一张床，三块石头垒个灶，一根山藤挂衣裳。”昔日海南的贫困地区，曾流传过这样苦涩的山歌。

尽管底子薄、财政弱，海南始终坚持“小财政”办“大民生”。与1987年相比，海南城乡居民收入分别增长30.3倍和24.7倍。

党的十八大以来，海南实施脱贫攻坚战略，减少贫困人口61.7万人，贫困发生率由12.3%降至1.5%。今年，海南将实现5个国定贫困县全部摘帽出列。

30年探索，30年跨越。海南淬火蜕变，涅槃重生。

“我们党团结带领人民进行改革开放新的伟大革命，破除阻碍国家和民族发展的一切思想和体制障碍，开辟了中国特色社会主义道路，使中国大踏步赶上时代。”

习近平总书记在十九大报告中的铿锵话语，既是对历史经验的深刻总结，也是面向未来继续推进改革开放的鲜明宣示。

“坚持和发展中国特色社会主义的必由之路”——凭着“敢闯敢试、敢为人先”的特区精神，中国在改革开放路上昂首阔步，展现中国特色社会主义的强大生命力

海口市东湖三角池，一块“闯海魂”纪念石静静矗立。

30年来，伴随改革开放大潮，海南以“闯海人”的飞扬激情，书写全国最大改革“试验田”的“春天的故事”。

靠一个“闯”字，海南杀出一条“血路”——

率先实行“小政府、大社会”的政府管理体制改革；率先建立以股份制为主体的现代企业结构；率先实行“一脚油门踩到底”的燃油附加费改革……30 年来，海南驰而不息，近百项改革走在全国前列。

回忆当年改革，今年 63 岁的海南农垦南田农场(神泉集团)董事长彭隆荣依旧心潮澎湃。

1992 年就任场长的彭隆荣面对农场困境做出一个大胆决定——打破“一胶独大”改种芒果。

那一年，邓小平南方谈话，如阵阵春雷，回荡大地：

“不坚持社会主义，不改革开放，不发展经济，不改善人民生活，只能是死路一条。”

向计划经济下的僵化管理模式开刀，向单一的产业结构和经济结构开刀……如今的南田农场又活力迸发，企业总资产从 1992 年不足 5000 万元跃升至 30 多亿元。

正是凭着一股“闯”劲，改革开放以来，无数个“彭隆荣”脱颖而出，无数个“第一”从特区走向全国。经济特区“先行先试”的探索，为我国改革开放和现代化事业闯出了路子，积累了经验。

靠一个“韧”字，海南蹚出一条新路——

作为探路者，引领与挫折，犹如硬币的两面，始终伴随海南的成长。

历经几度起落的海南，究竟要走一条什么道路？总结经验教训，海南在一步步探索中对未来发展的思路日渐清晰：

1999 年，海南在全国率先提出建设生态省；

2007 年，海南省第五次党代会决定实施“生态立省”战略；

2009 年，“建设全国生态文明示范区”成为海南国际旅游岛六大战略定位之一；

2017 年，海南省第七次党代会将良好的生态环境列为海南三大优势之首；

……

经济发展与环境保护如何平衡？这是一道世界性难题，海南正在用实际行动作答。

党的十八大以来，生态文明建设被纳入中国特色社会主义“五位一体”总体布局和“四个全面”战略布局，一幅青山绿水、江山如画的生态文明建设美好图景，正在神州大地铺展。

勇于创新，百折不挠。正是凭着这股“闯”劲和“韧”劲，进入新时代的海南，正以“刀刃向内”的自我革命在突破思想观念束缚和体制机制障碍中激发澎湃动力。

抛弃片面的“唯 GDP 论”，突破制约进一步加强生态文明建设的思想和制度障碍；

推进新一轮海南农垦改革，为全国农垦改革提供“海南经验”；

持续深化“放管服”和商事制度改革，累计减少审批事项 1206 项，新增市场主体 31.8 万户；

……

党的十八大以来，以习近平同志为核心的党中央举旗定向、谋篇布局，推出 1500 多项改革举措，主要领域改革主体框架基本确立。以“一带一路”建设为统领，推进更深层次更高水平对外开放，中国与世界各国谋求双赢、多赢、共赢。

40 年来，从经济特区到沿江沿海，从深圳、海南到浦东、雄安，从自由贸易区到“一带一路”，持续深入的改革开放向世界展示了中国特色社会主义的强大生命力。

“实现中华民族伟大复兴的关键一招”——以习近平新时代中国特色社会主义思想为指引，新起点上的中国正以更大决心推进改革开放，向着中华民族伟大复兴的百年梦想进军

北纬18度，世界公认的旅游度假黄金线，标记着海南岛的独特方位。

2018年4月5日，德国“赫伯罗特”船运公司的环球邮轮“欧罗巴”2号在晨曦中乘风破浪，缓缓停靠在三亚凤凰岛国际邮轮港码头。

从邮轮旅游到低空旅游，从滨海旅游到森林旅游，从景区旅游到乡村旅游……新时代海南特区正凭借国际旅游岛再度腾飞。

“以更大的力度解放思想、深化改革、扩大开放。”习近平总书记的话吹响了新时代谱写美丽中国海南篇章的进军号。

海南，亦如进入新时代中国的缩影，向着未来扬帆远航。

新起点上改革开放再出发，发展方向更加清晰——

允许境外资本设立医疗机构，降低医疗器械和药品进口门槛，放宽境外医师执业时间……3月31日，位于万泉河畔博鳌乐城国际医疗旅游先行区的博鳌“超级医院”正式开业。

“海南要加快形成以旅游业为龙头、现代服务业为主导的服务业产业体系。”习近平总书记的话，为海南迈向高质量发展描绘蓝图。

在一张蓝图上规划出更美的海南，背后是更宽广的发展视野。

2015年6月，海南省在全国率先开展省域“多规合一”改革试点。一张蓝图下，作为目前全国唯一的省级规划委，海南省规划委员会顺势而生，各种“无序开发”“无限制扩张”被终结。

“青山绿水、碧海蓝天是建设国际旅游岛的最大本钱，必须倍加珍爱、精心呵护。”“为全国生态文明建设当个表率，为子孙后代留下可持续发展的‘绿色银行’。”

这是习近平总书记对海南发展的殷殷期望，更是新时代建设绿色中国的坚定承诺。

新起点上改革开放再出发，发展目标更有温度——

“小康不小康，关键看老乡。”五年前，习近平总书记在海南三亚玫瑰谷留下的这句话温暖了亿万农民的心窝。

如今，在玫瑰谷的带动下，曾经贫困落后的博后村等周边黎族村庄早已摘下“穷帽子”，实现了家家都能就业、户户参与产业、人人都有收入。

“始终要把人民放在心中最高的位置，始终全心全意为人民服务，始终为人民利益和幸福而努力工作。”“把人民拥护不拥护、赞成不赞成、高兴不高兴、答应不答应作为衡量一切工作得失的根本标准。”

习近平总书记在十三届全国人大一次会议上的铮铮承诺，是新一代中国共产党人执政为民的理论自觉和实践担当。

新起点上改革开放再出发，发展前景更加光明——

30年前，“十万人才下海南”掀开了海南跨越式发展的新篇。

30年后，旅游业、互联网产业、医疗健康产业、金融服务业、海洋产业……来自更多新兴行业的“新闯海人”，正托起海南充满希望的明天。

此刻的南海之滨，清冽的万泉河水涌动着希望的春潮奔向深海，远处古老的临高角灯塔发出的闪耀光芒照向远方。

站在新的历史方位，以习近平新时代中国特色社会主义思想为指引，我们党必将带领亿万中国人民谱写新时代改革开放的新篇章，中华民族的伟大复兴必将在改革开放的伟大进军中得以实现。

开放共赢的中国方案点亮世界

热烈的掌声，回响在博鳌亚洲论坛国际会议中心主会场。“中国开放的大门不会关闭，只会越开越大！”在各国嘉宾和全世界瞩目下，习近平主席在主旨演讲中宣示中国坚定不移深化改革开放的立场，宣布中国扩大开放新的重大举措，发出维护多边贸易体制的正义之声。在逆全球化思潮抬头、贸易保护主义进一步上升之际，开放融通、互利共赢的中国方案再次正本清源，为世界带来了希望、指明了方向。

开放还是封闭？前进还是后退？回答好这些时代之问，显得迫切而重要。虽然4月的博鳌小镇春意盎然，然而放眼看世界，各种不确定性依然很多，种种挑战层出不穷，一些国家挥舞贸易保护主义大棒，更是给世界经济发展带来重重阴云。“不要浪费一场可喜的复苏”，国际货币基金组织的警告发人深省。

沧海横流，方显英雄本色。近年来，无论世界风云如何变幻，在反对贸易保护主义、倡导维护和发展开放型世界经济的舞台上，中国从未缺席。从西子湖畔，到达沃斯雪山，再到南海之滨，开放共赢的时代强音一以贯之、响彻世界。习近平主席5年间三次来到博鳌亚洲论坛，“开放”成为反复强调的关键词，一次次拨云见日，引领亚洲和世界发展穿云破雾、行稳致远。

开放共赢的中国声音之所以站得住、底气足，是因为它合乎发展规律、顺应时代潮流。开放带来进步，封闭必然落后，既是中国改革开放40年的重要启示，也为人类社会发展的历史所证明。今天，世界已经成为你中有我、我中有你的地球村，各国经济社会发展日益相互联系、相互影响，经济全球化的时代潮流不可逆转，开放融通的潮流滚滚向前。

妄自尊大或独善其身只能四处碰壁，让世界经济的大海退回到一个个孤立的小湖小河更是不可能的，推进互联互通、加快融合发展才是正确选择。

开放共赢的中国方案之所以富有感召力，是因为中国坚持行胜于言，用实际行动彰显大国担当。大幅度放宽市场准入、创造更有吸引力的投资环境、加强知识产权保护、主动扩大进口，习近平主席就中国扩大开放再次“放大招”，提出四方面重大举措，并就共建“一带一路”更好造福各国人民表明态度。值得注意的是，习近平主席强调“宜早不宜迟，宜快不宜慢”，使这些举措尽快落地，让开放成果及早惠及各国企业和人民。不来虚的，实打实地扩大开放，主动敞开胸襟、拥抱世界，中国对外开放一定会打开一个全新的局面，必将给世界带来更多发展机遇。

“面对愈演愈烈的中美贸易摩擦，习近平主席以进一步的开放举措予以回应”，在聆听主旨演讲后，国外媒体人士不禁感慨。近期，从政要学者到普通民众，人们以不同方式对中国的开放理念表示支持，表达着对贸易保护主义的反对与担忧。有感于中国的角色与担当，联合国秘书长古特雷斯认为：“中国是多边主义的最重要支柱。”纵览世界经济兴衰，国际货币基金组织总裁拉加德得出“贸易战不仅会损害全球经济增长，而且没有赢家”的结论。挪威首相索尔贝格点赞中国的行动。得道多助，失道寡助。在多边主义和单边主义、全球自由贸易与保护主义的较量中，中国始终站在公理正义的一边，站在时代潮流的一边，凝聚起开放包容、合作共赢的国际共识。

5年前，习近平主席在博鳌亚洲论坛上指出，亚洲和世界和平发展、合作共赢的事业没有终点，只有一个接一个的新起点。今天，高扬开放创新的风帆，从博鳌再出发，我们坚信，成功属于勇毅而笃行的人们，未来属于把握历史前进逻辑、顺应时代发展潮流的人们。

世界将分享更多机遇

中国供给侧结构性改革的成效如何？将给世界带来哪些机遇？在博鳌论坛这个国际性对话平台上，结构性改革的“中国方案”和“中国实践”引起国内外参会人士的广泛关注。

中国有能力增加有效供给

2016年，中国开始推进供给侧结构性改革。一年来，以“三去一降一补”为重点任务的改革已经取得初步成效。

去年，中国退出钢铁产能6500万吨以上、煤炭产能2.9亿吨以上。中国的供给侧改革的进展引起博鳌参会人士的广泛关注。

“大家针对供给侧结构性改革已经形成共识，只有改革才能获取新动力。”中国国际经济交流中心首席研究员张燕生说，从这个角度看，供给侧改革的进展非常可喜。

中国人民银行行长周小川认为，中国去年开始实行的“三去一降一补”政策，减少库存和债务杠杆率，减少企业的运行成本，努力解决一些结构上的瓶颈问题。

中国经济发展长期积累面临的问题主要是结构性问题，面对消费结构升级的新要求，供给结构很不适应。

世贸组织首席经济学家罗伯特·库普曼说，全球需求自从金融危机后出现疲软，中国由原来的主要依靠投资和出口驱动，通过供给侧改革转向主要依靠内需。

“中国有能力进行这样的转变，因为中国的价值链在向上走，有能力生产高端制造业产品和高端的消费品。”罗伯特·库普曼说。

今年是推进供给侧结构性改革的深化之年，中国将再压减钢铁产能5000万吨左右，退出煤炭产能1.5亿吨以上，淘汰、关停、缓建煤电产能5000万千瓦以上。

同时重点消化三四线城市房地产的过量库存，抑制热点城市房价过快上涨。采取有效措施降低企业杠杆率，减轻企业负担等。

张燕生认为，今年的着力点跟去年有所变化。“去年在去产能方面比较强调政府的作用，今年比较强调市场、法治和改革的作用。”

供给侧改革具有“中国特色”

近几年来，推进结构性改革获取新的发展动力成为各经济体努力探寻的路径。

周小川认为，就全球而言，都在从货币政策转向财政政策再转向结构改革，因为金融危机刚开始时，许多发达国家体的债务在GDP中占的比例相当高，后来主权债务又出现了问题。

“现在很多国家都还在复苏的道路上，财政改革和结构性改革都有很多的空间，不应该过多地依赖货币政策，不需要‘直升机撒钱’。”周小川说。

清华大学苏世民书院院长李稻葵说，金融危机爆发以后，对于总需求的刺激政策相当于“开胃”，现在供给侧结构性改革关键是增加活力，使得企业愿意投资、愿意开发新市场。

与会嘉宾认为，在结构性改革中，中国的供给侧结构性改革与西方的结构性改革不尽相同，具有“中国特色”。

博鳌亚洲论坛原秘书长龙永图说，经过几十年的发展，中国出现了庞大的中等收入群体，他们需要更高质量的消费产品。但目前中国的产品不能完全满足消费升级的需求，供给侧的结构性问题和矛盾变得非常突出。

龙永图认为，供给侧结构性改革不仅仅是要解决生产什么，更重要的是实现更加高效的生产，“路径就是创新，因此中国把创新作为五大发展理念之首。”

华夏新供给经济学研究院首任院长贾康说，供给侧结构性改革突破了需求管理的局限性，但又不完全否定需求管理，“具有中国特色，是中国的抉择，是中国理论联系实践的创新。”

李稻葵也认为，结构性减税、“放管服”、国企改革等中国供给侧结构性改革的措施与西方的供给改革并不相同。

探索解决共性问题的中国方案

全球低增长困境、复苏乏力的症结在于结构性改革迟缓。博鳌嘉宾认为，在这种背景下，中国供给侧结构性改革可为其他经济体提供借鉴和经验。

针对产能过剩问题，林毅夫说，全球经济从金融危机后到现在仍未实现复苏，整体处于经济放缓、需求疲软的周期，在这个周期中出现了一些产能过剩的状况。

与会人士认为，中国已经明确不会搞超强的经济刺激，而是将重点放在供给侧结构性改革上，有利于中国经济可持续性发展，实现新跃升的中国经济将继续为世界经济注入新动能。

贾康说，G20 杭州峰会取得的共识之一就是推进“结构性改革”，和中国供给侧结构性改革在学理上是一个范畴。

“因此，中国供给侧改革实际上已经得到很多国家的认同，大家的共识是全球改革要从提高供给侧的质量入手。”贾康说，当然具体到各个经济体时必须根据实际情况“定制化”。

贾康认为，中国供给侧改革将对世界经济产生积极影响，为其他国家提供有益的借鉴，同时也促使中国经济提质升级，让世界分享更多中国机遇。

罗伯特·库普曼说，在供给侧结构性改革中，中国具备很强的创新能力，中国的高端制造业和高端服务业生产能力将进一步提升，以满足日益增长的高端消费需求，这种调整将为中国和其他国家开辟新的贸易领域和渠道，国际贸易也能从中受益。

◎延伸阅读：新华社系列评论◎

中国改革开放一定能成功

——一论习近平主席在博鳌亚洲论坛2018年年会开幕式主旨演讲

“中国改革开放必然成功，也一定能够成功！”4月10日，习近平主席出席博鳌亚洲论坛2018年年会开幕式并发表主旨演讲，深刻总结中国改革开放的伟大成就、重要经验和启示、世界意义和影响，提出一系列新的改革开放重大举措，向世界宣示了新时代中国坚定不移深化改革、扩大开放的坚定意志和坚强决心，为推动亚洲和世界的和平发展注入了强大正能量。

历史，总是在一些特殊年份给人们以汲取智慧、继续前行的力量。2018年是中国改革开放40周年，也是海南建省办经济特区30周年。在博鳌亚洲论坛会议中心长廊两侧，一张张照片、一段段视频，将中国改革开放中重要的历史瞬间定格在世界面前，构成了一条气象万千的“时光隧道”。40年来，在中国共产党的领导下，中国人民始终艰苦奋斗、顽强拼搏，始终上下求索、锐意进取，始终与时俱进、一往无前，始终敞开胸襟、拥抱世界，极大解放和发展了中国社会生产力，开辟了中国特色社会主义道路，充分显示了中国力量，也为人类发展进步作出了中国贡献。

40年众志成城，40年砥砺奋进，40年春风化雨，40年沧桑巨变，中国人民用双手书写了国家和民族发展的壮丽史诗，创造了震古烁今的人间奇迹。改革开放这场中国的第二次革命，不仅深刻改变了中国，也深刻影响了世界！

“天行有常”，“应之以治则吉”。回顾40年不平凡历程，我们更加坚定这样一种信念：中国进行改革开放，顺应了中国人民要发展、要创新、要美好生活的历史要求，契合了世界各国人民要发展、要合作、要和平生活的时代潮流。应乎人则必兴，顺乎势则必成。汇聚人民推动历史前进的强大力量，顺应和平发展、合作共赢的历史大势，这是中国改革开放必然成功的根本原因所在。

历史是最好的教科书。思考40年不平凡历程，我们更加认清这样一个规律：一个国家、一个民族要振兴，就必须在历史前进的逻辑中前进、在时代发展的潮流中发展。当今世界正在经历新一轮大发展大变革大调整，人类面临的不稳定不确定因素依然很多。开放还是封闭，前进还是后退，人类面临着新的重大抉择。不管是中国改革开放的进程，还是世界各国发展的实践，都一再启示我们，和平与发展是世界各国人民的共同心声，开放是发展进步的必然选择，变革创新是推动人类社会向前发展的根本动力。回答时代之问，应当不畏浮云遮望眼，善于拨云见日，把握历史规律，认清世界大势，不断壮大和平合作的潮流、开放融通的潮流、变革创新的潮流，努力构建人类命运共同体，才能创造和平、安宁、繁荣、开放、美丽的亚洲和世界，为人类赢得一个光明的未来。

改革不停顿，开放不止步。中国的改革开放已经走过万水千山，但前路并不平坦，还有很多硬骨头要啃、不少险滩要闯，仍需要不断跋山涉水、开拓向前。中国进入新时代，开启全面深化改革、不断扩大开放的新征程。中国人民将继续自强不息、自我革新，逢山开路，遇水架桥，敢于向顽瘴痼疾开刀，勇于突破利益固化藩篱，将改革进行到底。中国人民将继续扩大开放、加强合作，坚定不移奉行互利共赢的开放战略，推动形成陆海内外联动、东西双向互济的开放格局。在主旨演讲中，习近平主席宣布了大幅度放宽市场准入、创造更有吸引力的投资环境、加强知识产权保护、主动扩大进口等四项扩大开放的重大举措，再一次有力证明“中国开放的大门不会关闭，只会越开越大”，表明中国与各国共享机遇、共同发展的决心与诚意，得到国际社会的广泛认同和普遍赞誉。

风劲帆满海天阔，同舟共济再出发。让我们坚持开放共赢，勇于变革创新，继续推进中国改革开放的伟大事业，向着构建人类命运共同体的目标不断迈进，共创亚洲和世界的美好未来！

中国开放的大门必将越开越大

——二论习近平主席在博鳌亚洲论坛2018年年会开幕式主旨演讲

“中国开放的大门不会关闭，只会越开越大！”在博鳌亚洲论坛2018年年会开幕式上，习近平主席高瞻远瞩、审时度势，顺应世界潮流，宣示新时代中国扩大对外开放的坚定决心和重大举措。开放共赢的中国方案，正确而有力地回答了“开放还是封闭，前进还是后退”的时代之问，赢得国际社会的广泛认同和赞誉。

“肯取势者可为人先，能谋势者必有所成。”当今世界，和平合作的潮流滚滚向前，妄自尊大或独善其身只能四处碰壁，唯有坚持和平发展、携手合作，才能真正实现共赢、多赢。开放融通的潮流滚滚向前，开放带来进步，封闭必然落后，推进互联互通、加快融合发展成为促进共同繁荣发展的必然选择。变革创新的潮流滚滚向前，谁排斥变革，谁拒绝创新，谁就会落后于时代，谁就会被历史淘汰。只有与时俱进、革故鼎新，才能推动人类社会向前发展。

纵览世界风云变幻，回望中国百年沧桑，“开放”都是一个解码兴衰荣辱的关键词。改革开放是中国和世界共同发展进步的伟大历程。40年来，中国人民始终敞开胸襟、拥抱世界，成功实现从封闭半封闭到全方位开放的伟大转折，书写了国家和民族发展的壮丽史诗。中国坚定不移扩大开放，既是历史经验的深刻总结，也是面向未来的战略抉择。世界已经成为你中有我、我中有你的地球村，经济全球化已成不可逆转的时代潮流，未来中国经济的高质量发展，必须在更加开放条件下才能实现，中华民族伟大复兴必将在改革开放的进程中得以实现。

坚持对外开放的基本国策，坚持打开国门搞建设，中国的立场和行动一以贯之。从推进“一带一路”建设，到推动构建开放型世界经济，中国不打地缘博弈小算盘，不搞封闭排他小圈子，不做凌驾于人的强买强卖，与各国共商共建共享，坚持走开放融通、互利共赢之路。在主旨演讲中，习近平主席宣布中国扩大开放的一系列重大举措，涵盖放宽市场准入、改善投资环境、加强知识产权保护、主动扩大进口等多个方面，在全球引起热烈反响。这些重大举措，彰显了新时代中国主动开放的坚定意志和坚强决心，是中国按照自身发展节奏、顺应时代潮流作出的务实之举。“屹然砥柱立中流”，在单边主义和贸易保护主义抬头、多边贸易体制遭遇挑战的形势下，中国作为世界第二大经济体、第一大货物贸易国，高举贸易投资自由化旗帜，推动经济全球化朝着更加开放、包容、普惠、平衡、共赢的方向发展，用实际行动为国际贸易增长和世界经济发展提供了有力支撑，必将惠及世界各国企业和人民。

开放是最宽广的胸怀，共赢是最高超的智慧。聆听习近平主席约40分钟的主旨演讲，各国嘉宾报以15次热烈掌声。国际货币基金组织总裁拉加德赞赏演讲“为当今世界增加了确定性和希望”，东盟秘书长林玉辉期待“与中国共同致力于维护自由贸易”，蒙古国总理呼日勒苏赫认为中国发展“为各国带来更广阔的机遇”……国际社会的积极评价，既是对中国开放政策投下的赞成票，也折射出开放共赢是大势所趋、人心所向。

“开着门，世界能够进入中国，中国也才能走向世界。”博鳌亚洲论坛永久会址东屿岛，像一只游向大海的巨鳌，向太平洋张开双臂，向世界敞开怀抱。从博鳌扬帆再起航，始终保持海纳百川的胸怀，激发变革创新的勇气，中国对外开放一定会打开一个全新的局面，中国与世界的合作共赢一定会写下更精彩的篇章。

为世界谋大同　为人类创未来

——三论习近平主席在博鳌亚洲论坛2018年年会开幕式主旨演讲

人类社会向何处去？亚洲前途在哪里？在博鳌亚洲论坛2018年年会开幕式主旨演讲中，习近平主席把握大势、拨云见日，就构建人类命运共同体，共创和平、安宁、繁荣、开放、美丽的亚洲和世界提出5点倡议，展现了新时代中国为人类进步事业而奋斗的信念和担当，为各国携手开创美好未来注入智慧和力量。

计利当计天下利。世界大同，和合共生，是中国几千年文明一以贯之的理念，也是各国人民的共同向往。从2013年呼吁亚洲国家树立命运共同体意识，到2015年阐释迈向命运共同体“四个坚持”的实践路径，再到提出共创亚洲和世界美好未来的5点倡议，习近平主席5年间三次来到博鳌，为增进人类福祉、共创美好未来提出中国方案、贡献中国智慧，展现了大国领袖的博大胸怀和深远谋划，彰显了新时代中国特色大国外交的大气魄、大作为。

共创美好未来，需要秉持相互尊重、共商共建的相处之道。无论是两次世界大战的惨痛教训，还是恐怖袭击、难民危机等现实挑战，都在警示人们，零和游戏和强权霸道不可能带来和平。只有走对话而不对抗、结伴而不结盟的国与国交往新路，妥善管控矛盾分歧，和平的阳光才能普照人间；只有坚持对话协商、共担责任，践行共同、综合、合作、可持续的安全理念，深化双边和多边协作，普遍安全和共同安全才能得到根本保障。

共创美好未来，需要合作共赢的广阔胸襟和扎实行动。太平洋足够大，完全容得下太平洋各国。实现各国共同发展、共同繁荣，既要有经贸合作的“硬支撑”，坚持走开放融通、互利共赢之路，构建开放型世界经济，加强多边框架内合作，推动经济全球化朝着更加开放、包容、普惠、平衡、共赢的方向发展；也要珍视民心相通的“软助力”，坚持兼容并蓄、和而不同，推动文明互鉴，使之成为增进各国人民友谊的桥梁、推动社会进步的动力、维护地区和世界和平的纽带。

共创美好未来，需要树立绿色、低碳、可持续发展理念，建设一个清洁美丽的世界。人类只有一个地球，各国共处一个世界，敬畏自然、珍爱地球是唯一正确选择。面对气候变化、环境污染等共同挑战，各国唯有加强交流合作，不断开拓生产发展、生活富裕、生态良好的文明发展道路，方能为子孙后代留下蓝天碧海、绿水青山的美丽星球。

积土而为山，积水而为海。随着中国与各国合作不断深化、“一带一路”建设持续推进，构建人类命运共同体的理念与实践正在造福世界各国人民，给世界带来新机遇、新希望。中国发展离不开世界，世界发展也需要中国。实践已经证明并将继续证明，中国推动人类文明进步的决心坚定不移，始终是世界和平的建设者、全球发展的贡献者、国际秩序的维护者。

“中国人民将继续与世界同行、为人类作出更大贡献”，博鳌亚洲论坛 2018 年年会已经圆满落幕，习近平主席坚定有力的宣示犹在耳边。历史必将铭记这次盛会，构建人类命运共同体的伟大事业必将在各国携手奋斗中不断开创新境界！

中篇

命运交响

3. 博鳌声音

——国内外专家共话博鳌

迟福林：百姓消费新需求服务业市场更开放中国

“中国进入新时代，面对社会主要矛盾发生历史性变化，服务业市场开放是满足人们美好生活需要的一个重大举措，也是中国扩大开放的一个重大举措。”

正在举行的博鳌亚洲论坛 2018 年年会上，中国（海南）改革发展研究院院长迟福林在接受新华社记者专访时说。

作为中国改革开放 40 年历程的见证者和参与者，迟福林认为，13 亿多人消费规模的扩大和消费结构的升级，是中国经济转型发展重大的优势，也是中国扩大内需、对外开放的重要立足点。

消费新时代：2020 年服务型消费将占半壁江山

消费是否能拉动经济增长？这是中国经济转型路上绕不开的问题。

迟福林说，2012 年，中国（海南）改革发展研究院出版了一份年度报告消费主导认为，新阶段消费对经济增长的作用日益提升，并将成为拉动经济增长和产业变革的主导力量。

在迟福林看来，一系列有关中国消费的大数据足以证明中国消费的巨大拉动力。

“2017 年中国消费对经济增长的贡献率是 58.8%，估计到 2020 年消费对经济增长的贡献率将超过 65%。”他说，中国经济进入消费新时代，健康、医疗、文化、旅游、教育、信息等服务型消费全面快速增长，成为中国消费结构升级的一个突出特点。

迟福林给记者算了一笔账，目前中国城镇居民的服务型消费支出约占总消费支出的 40% 左右，农村居民在 30% 左右。如果按城镇居民服务型消费每年新增 1.5 到 2 个百分点计算，到 2020 年中国城镇居民的服务型消费支出可能达到 50% 左右；如果城乡一体化速度加快，到 2020 年我国全面实现小康的时候，服务型消费或将占据中国最终消费的半壁江山。

改革新动向：供给侧结构性改革发力补短板

一边是服务型消费需求快速增长，一边是高质量供给严重不足，这一矛盾该如何破解？

“消费结构升级及其新消费需求的日益增长，使供给体系不相适应的矛盾比较突出。”迟福林说，当前“有需求缺供给、有供给缺质量、有质量缺品牌”等挑战还相当严峻。

他以健康产业为例说，如今海南健康产业投资热的背后，瞄准的是潜在的巨大需求。估计到 2020 年，国内大健康产业消费的总规模将超过医疗市场消费的总规模。目前我国老年健康管理服务、康复护理、家政服务等产业，每年约有1万亿元需求，但实际为老年人提供的产品与服务不足1000亿元，仅为十分之一。

他建议，从现实看，无论产业如何变革，商业模式如何创新，都需要牢牢抓住消费需求这个根本，都需要新消费为导向推动新的供给变革。

"经济转型升级大趋势下，企业不是赢在起点，而是赢在转折点。"迟福林说，未来几年，随着消费结构的持续升级，更多领域会出现更多的转折点，希望更多企业能抓住机遇，不仅成为独角兽企业，更成为引领新商业变革的重要力量。

开放新信号：以开放服务业倒逼国内产业变革

迟福林认为，进入新时代，消费在拉动经济增长的同时，服务业市场正在进一步开放。

他说，进一步开放服务业并非不重视实体经济。要解决我国实体经济发展，核心问题是加快研发等生产性服务业的发展，尤其在以人工智能为重要标志的新科技革命背景下，生产性服务业已成为中国发展实体经济、推动制造业转型升级的关键所在。

迟福林认为，目前我国现代服务业比重偏低。德国之所以成为制造业强国，有"两个70%"：一是服务业占GDP的70%，二是生产性服务业占服务业比重为70%。相比之下我国生产性服务业占服务业的比重只有40%多，这是我国制造业"大而不强"的重要原因之一。

迟福林说，加快服务业市场开放，扩大服务型产品的有效供给，是消费结构升级引领投资结构和供给结构升级的重点，也是深化供给侧结构性改革要啃下的"硬骨头"。

2018年是中国改革开放40周年，也是海南建省办经济特区30周年。迟福林说，改革开放是发展海南的关键一招，未来海南发展也必将在进一步改革开放中释放发展的巨大活力和动力，在打造更具活力的体制机制方面继续走在全国前列。

中印专家：双方合作共赢空间广阔可实现“龙象共舞”

博鳌亚洲论坛2018年年会与会嘉宾表示，中国和印度同为世界上人口众多、经济增速较快的新兴经济体，合作共赢空间广阔，完全可以实现“龙象共舞”。

印度塔塔集团名誉董事长塔塔当日在主题为“中印经济合作的潜力”电视辩论中表示，印中两国必须携手共进，以建设性合作推动共同增长。

塔塔说，应鼓励印中建立合资企业，加强除原材料外的贸易往来，并在“一带一路”框架下加强基础设施互联互通。

从双边贸易规模看，中印稳中求进。2017年，两国贸易额已达844亿美元，中国已经成为印度最大贸易伙伴。

针对中印经济结构互补性强的特点，印度工业联合会中国核心小组成员拉纳德说，中国经济正在经历转型，要在创新中加快产业结构升级；而印度有55%的人口直接或间接与农业挂钩。如果印度能从中国承接劳动力密集型产业，双方就能实现互补。

“中国和印度总人口占世界的35%，两国经济总量占世界的20%以上，但两国经贸交流联系占世界比例不到1个百分点。”中国商务部原部长陈德铭列举数字指出中印贸易潜力巨大。

2018 年 3 月下旬，中国商务部组织中国贸易促进团赴印度开展经贸交流活动，双方企业共签署 101 项贸易协议，合同金额达 23.68 亿美元。

博鳌亚洲论坛研究院执行副院长杨希雨表示，中印两国在减贫、气候变化、反恐等领域面临共同挑战，可以在这些领域展开合作，取得早期收获。

杜特尔特：期待未来菲中关系如同“盛开的繁花”

菲律宾总统杜特尔特 2018 年 4 月 9 日在菲南部城市达沃说，期待菲中两国继续深化双方各领域合作，相信未来菲中关系将更加兴旺，如同“盛开的繁花”。

杜特尔特当天启程前往中国出席博鳌亚洲论坛 2018 年年会前在达沃机场举行记者会。他在回答记者提问时说，作为亚洲国家，菲律宾的发展植根于亚洲，且亚洲地区未来发展前景光明，他将以此次博鳌亚洲论坛年会为契机，同与会领导人和商界领袖广泛交流，推介菲律宾的投资与贸易机遇，努力扩展和深化与包括中国在内的亚洲各国的交往合作。

谈及菲律宾同中国关系时，杜特尔特指出，他期待在博鳌同中国领导人举行会谈。“菲中两国是友好邻邦和平等伙伴，我将与中国领导人回顾近年来菲中关系的发展成果，共同绘制未来菲中关系的发展蓝图，促进两国及本地区的繁荣发展。”

近年来菲中双边关系进入全新的历史发展时期，两国高层往来密切，中国已成为菲律宾的第一大贸易伙伴和第二大游客来源地。杜特尔特认为，菲中两国对彼此关切相互理解，他感谢中国在菲律宾发展过程中给予帮助，相信双方将继续深化两国间各领域合作。他还说，“一带一路”倡议对菲国内基础设施建设非常重要。

“我相信未来菲中关系将会更加兴旺，就如同盛开的繁花。”杜特尔特说。

据菲律宾外交部介绍，菲外长、财长等高官将陪同杜特尔特前往博鳌。

切昆科夫：俄远东地区与中国经贸合作多点开花前景广阔

前来参加博鳌亚洲论坛的俄罗斯远东及贝加尔地区发展基金（简称远东发展基金）总裁阿列克谢·切昆科夫 2018 年 4 月 9 日接受新华社记者专访时表示，俄中两国在俄远东地区的经贸和投资合作呈现多点开花格局，未来发展前景广阔。

中国是俄远东地区第一大进口来源国、第二大出口目的地和主要外资来源地，近年来越来越多中国企业落户俄远东地区。切昆科夫说，去年，俄远东地区与中国的贸易额比上年增长超过三分之一。

俄远东发展基金 2011 年成立，作为国家级大型基金，是俄远东地区发展最重要的资金来源之一。切昆科夫说，基金通过创建共同投资平台和直接投资基金，为区域建设引入国际投资，优先发展高科技、矿业、农业、建筑、旅游业等领域的项目。“在远东地区系列投资项目实施过程中，中企是我们重要的合作伙伴。”

亚洲竞争力报告：
贸易保护不会成为经济发展的持久动力
博鳌亚洲论坛4月8日发布的《亚洲竞争力2018年度报告》指出
得益于世界经济复苏和亚洲区域经济一体化加速推进
亚洲经济体经济整体向好
报告同时提醒
贸易保护不会成为经济发展的持久动力，反而会限制经济发展的可持续性
该报告对37个亚洲经济体竞争力进行评价分析
●从综合竞争力排名看
“亚洲四小龙”新加坡、中国香港、韩国和中国台湾的综合竞争力的排名与2016年度相同，仍分别位列第1至4位
中国排名连续5年稳居第9位
●从经济增长潜力及其对世界经济增长的贡献、经济运行的健康状况看
中国的整体经济活力竞争力位列首位
报告称
亚洲经济在全球经济增长中仍将处于重要地位，亚洲各经济体之间的合作仍然大于竞争
新华社发（李栋制图）

他说，在跨越式开发区、自由港等远东发展新机制框架下，目前俄中共同参与的投资项目超过20个，投资总额逾33亿美元。俄中双方在新建工业企业、农业发展、水产养殖等领域多个项目展开合作。

切昆科夫说，在博鳌亚洲论坛期间，远东发展基金团队将参加多项商务议程，并计划与中企签署战略合作协议，在符拉迪沃斯托克共同建设国际合作中心。

俄政府高度重视从政策层面保障两国合作项目顺利进行。切昆科夫介绍说，俄副总理兼总统驻远东联邦区全权代表特鲁特涅夫定期举行“中国投资者日”，向中国企业家了解合作项目的进展情况，推动实际问题的解决。“远东发展基金也将与政府部门协力为国际投资者提供支持。”

8日博鳌亚洲论坛发布《亚洲竞争力2018年度报告》指出，“一带一路”倡议进一步打开了亚洲国家互利共赢合作的空间，夯实了亚洲国家合作的经济基础。切昆科夫对此感受颇深，他说，“一带一路”建设极大促进了俄中在基建和物流领域的跨境合作。

他说，黑河—布拉戈维申斯克公路桥、黑河—布拉戈维申斯克跨江索道、东宁—波尔塔夫卡公路桥、同江—下列宁斯阔耶铁路桥、滨海边疆区国际交通走廊的建设将保障跨境货物的“无缝”转运，对提升两国经贸和投资合作发挥巨大作用。

切昆科夫说，同中国一样，俄罗斯近年来正在大力推进高新技术产业发展，一大批现代高科技企业落户俄远东地区。远东发展基金、俄罗斯纳米技术集团、俄罗斯风险投资公司最近共同设立了远东高科技发展基金，用于发展飞机制造、信息技术、生物技术、可替代能源等领域的高科技创新项目，促进技术、产品和服务升级。“我们希望与中国投资者商讨高科技项目的合作方式。”

素拉杰：中国为促进亚洲共同发展发挥了重要作用

泰国前副总理、博鳌亚洲论坛理事素拉杰·沙田泰日前赴华出席博鳌亚洲论坛前夕接受记者采访时说，中国在过去40年的改革开放中取得了巨大成就，发展经验值得泰国等国家借鉴。素拉杰表示，中国为促进亚洲共同发展发挥了重要作用。

素拉杰说，中国自1978年开始改革开放以来取得长足进步，贫困人口大幅减少，在国有企业改革方面收放有度，强有力打击腐败，可以说非常成功，值得世界称颂。

素拉杰说，谈到经济自由化、企业改革、促进经济发展，并不意味着政府要放弃监管和治理。在治理方面，中国非常成功。

素拉杰称赞中国的供给侧结构性改革，认为这能推动中国的经济改革继续深化。他说，泰国和中国过去一样也是依靠出口拉动经济发展。中国已开始了供给侧结构性改革，这需要很大决心和毅力，值得泰国等国家借鉴。

他说，在开展体制改革、提高政府透明度、追求良政、推动自由贸易的同时，中国也在有效打击跨境犯罪、打击贩卖人口、打击贩毒等方面为亚洲其他发展中国家和欠发达国家树立了榜样，各国可以考察学习中国举措并根据本国国情调整实施。

素拉杰说，中国在发展过程中提出了亚洲命运共同体、“一带一路”倡议等理念和公共产品，为促进亚洲共同发展发挥了重要作用，也是全球化的主要推手，值得称赞。

素拉杰说，“一带一路”倡议不仅带来基础设施的联通，还促进了民心相通、跨文化交流及数字经济的联通，保证了开放型经济的稳步前行。他表示，希望有关国家民众能充分认识这一倡议的益处，并希望中国能继续发挥好在“一带一路”建设中的作用。

素拉杰说，他本人作为“一带一路”倡议的支持者，看到中泰铁路合作项目一期工程首段开工感到非常高兴，认为这将促进地区的互联互通。同时，作为泰国东北拉差蒙坤科技大学理事会主席，素拉杰也在推动这所大学和中国的大学在轨道交通领域展开合作，希望能亲自为“一带一路”倡议的落实作些贡献。

博鳌亚洲论坛今年年会的主题是“开放创新的亚洲，繁荣发展的世界”。谈到年会的“开放”“创新”等关键词，素拉杰说，他衷心希望论坛能在讨论上述议题方面取得积极成果。

索西帕纳：博鳌亚洲论坛为解决世界和地区问题提供了重要平台

柬埔寨政府顾问、澜沧江－湄公河合作柬埔寨秘书处负责人索西帕纳近日在接受新华社记者专访时表示，当今世界和地区面临诸多问题，博鳌亚洲论坛为解决这些问题提供了重要平台。

博鳌亚洲论坛2018年年会于8日至11日召开。索西帕纳说，2018年，世界和地区发展发生了复杂变化，一方面是保护主义和反全球化等抬头，另一方面科技创新也在绘制世界未来增长前景。

索西帕纳说，“博鳌亚洲论坛将一如既往地涉及对全球和地区发展有重要影响的议题，从金融科技、区块链、人工智能、大数据，到更大范围的互联互通、基础设施建设、‘一带一路’、重要经济体的贸易和货币政策等”。

索西帕纳称，当今世界经济版图正经历着深刻变革，比如国际货币基金组织改革、亚洲基础设施投资银行的成立发展、从 G7 到 G20，面对这些发展变化，博鳌亚洲论坛对世界经济增长和全球治理问题将施以广泛影响。

他表示，在博鳌亚洲论坛上，“我们希望听到不同国家、不同企业成功开展项目的故事，以及我们应该在项目设计和实施环节如何学习他们的经验”。

作为柬政府顾问，索西帕纳表示，他期待博鳌亚洲论坛能够汇集高端人士的知识和灼见，他自己能从中学习并促进柬埔寨的发展。“如今改变世界的力量很多元，而且发展都很迅速，柬埔寨也希望能够跟上这些发展步伐。”

谈到对“一带一路”倡议下中柬合作的建议，索西帕纳说，迄今为止，柬中合作进展非常迅速。“希望两国能够为已经签署的项目和计划进行早期评估。同时，我们也要仔细评估私营行业的发展状况。”

此次论坛适逢中国改革开放 40 周年。对此，索西帕纳认为，改革开放不仅推动了中国发展，而且惠及全球。“中国坚持改革开放无疑是积极信息，利于中国、利于地区、利于世界。”

施兰伯克：奥地利期待与中国加强“一带一路”项目合作

奥地利总统范德贝伦正在对中国进行国事访问，并将出席博鳌亚洲论坛 2018 年年会。奥地利数字与经济事务部长玛格丽特·施兰伯克日前接受新华社记者专访时表示，此次访问将为双方带来签署多项经济合作协议的机会，期待双方未来在“一带一路”项目，特别是铁路等基础设施建设的合作上取得进展，为未来经济合作打下基础。

施兰伯克表示，讨论“一带一路”合作将成为此次访问的重要议题，“我们已经开始讨论该议题，我认为(奥中)需要就‘一带一路’合作进行更密切的探讨，我们对此非常感兴趣。”

她强调，奥地利有意与中国就中欧陆海快线和中欧班列开展合作，希望将贝尔格莱德到布达佩斯间的高速铁路线(塞匈铁路)延长至维也纳。

塞匈铁路建成后将大大缩短两地间的通行时间。铁路被视为连接中国到欧洲“一带一路”项目的重要基础设施。在奥地利政府看来，基础设施领域是双方合作的契机，因为基础设施建设可能是“一带一路”建设下进行合作的第一步，能够让奥地利与“一带一路”、与中国连接起来。

施兰伯克曾在 IT 行业工作 22 年，她与包括华为在内的许多中国公司进行过合作。在她眼中，丝绸之路不仅有传统上的意义，还是一条数字化道路。因此，她表示在电子商务方面两国进行合作非常重要。

施兰伯克表示，中国与奥地利在数字化领域各自拥有很高的创新水平，双方有巨大合作机会。她说，截至目前已经约有650家奥地利公司在中国开展业务。此次随同总统访华的170家奥地利公司代表将与中方探讨双方进一步合作的可能，两国合作“潜力巨大”。

施兰伯克预计，此次将有30家奥地利公司与中国公司签署协议，协议涉及总金额约为15亿欧元。

奥地利位于欧洲的中心地区，被视为西欧和东欧国家之间的桥梁，与中东欧国家有长时间的经济、政治合作关系，在中东欧地区具有不可忽视的影响力。施兰伯克说，奥地利欢迎中国公司到奥地利投资，比如建立总部和研发机构。

她并不认为中国与欧盟国家日益增进的经济关系会给欧盟内部带来所谓的“分裂”。

施兰伯克说，中国如今与中东欧国家加强合作，奥地利对中东欧国家的了解和密切联系将促进各方进一步合作。

她同时表示，奥地利拥有悠久的冬季运动文化底蕴，希望寻求与北京2022年冬季奥运会中的潜在合作。奥地利在这一领域拥有举办赛事、制造设备和建设基础设施方面的运作经验，很乐意与中国分享。

施兰伯克表示，期待两国未来进一步扩大合作成果，让经贸合作继续向前迈进。

濑口清之：日本应积极参与“一带一路”建设实现共赢

日本佳能全球战略研究所研究主任濑口清之在博鳌亚洲论坛2018年年会召开前夕接受新华社记者专访时表示，“一带一路”建设能够引领并推动相关国家、地区乃至全世界的整体经济发展，日本应积极参与，实现合作共赢。

2018年年会以“开放创新的亚洲，繁荣发展的世界”为主题。濑口认为，创新对于维持自由贸易体制的活力具有重大意义。他指出，中国现已成为引领世界发展的存在，中国企业拥有强大的市场能力、全球战略经营能力及应用型创新能力。日本企业在基础型创新领域具有一定实力，但应用型创新能力较低。两国企业存在很大的合作空间，可相互取长补短、实现共赢。

濑口表示，中国提出的“一带一路”倡议不仅是中国未来稳定发展的重要基石，也将助力相关国家和地区的基础设施建设，推动区域整体经济发展。此外，“一带一路”建设也将在中长期内维持自由贸易体制、引领世界经济发展等方面发挥重要作用。日本应积极参与，并尽快加入亚洲基础设施投资银行，从金融方面支持“一带一路”建设。

2018年恰逢中国改革开放40周年，濑口将40年来中国的发展形容为“无可比拟的奇迹”。他表示，中国已成为全球第二大经济体。中国改革开放取得的成就在人类历史上前所未有，也为世界经济发展作出巨大贡献。至于未来深化改革的举措，濑口认为：“中国所要做的是坚持改革开放的大方向不动摇，将这一理念贯彻下去。”

在经济全球化进程中，亚洲所扮演的角色日益重要。濑口表示，2010年后，亚洲经济圈已经甩开欧美，逐渐成为世界经济增长的领跑者。亚洲地区各国应加强合作，彼此分享发展经验，让世界变得更加美好。其中，中国和日本等区域大国的作用尤为重要，应积极强化协作并带动区域整体发展，帮助亚洲为世界经济提供更多动力。

谈及当前逆全球化思潮，濑口认为这一趋势会对中国等国家所推动的经济一体化和贸易自由化构成很大阻力，必须予以制止。他指出，正因贸易保护主义思想在欧美不断蔓延，中国等国家才更应高举自由贸易的旗帜、引领亚洲经济实现进一步发展，以实际行动向世界展示全球化的优势，从而开启并加速新一轮全球化进程。

金荣柱：中国模式为世界提供发展范本

博鳌亚洲论坛2018年年会参会嘉宾、韩国贸易协会会长金荣柱日前在接受新华社记者专访时表示，过去几十年间，中国通过坚持开放和创新铸造发展奇迹，中国模式的成功为世界提供全新发展范本。

博鳌亚洲论坛2018年年会于4月8日至11日在海南博鳌召开，开放和创新是今年论坛年会的重要议题。金荣柱就此表示：“当今全球局势瞬息万变，在这一背景下召开的论坛年会将开放和创新设为重要议题，正合时宜。”

金荣柱认为，亚洲发展奇迹的创造离不开开放和创新。而中国通过坚持开放、创新，铸造发展奇迹的历程，就是对这一命题的最好佐证。

金荣柱说，近年来，世界许多重要经济体发展陷入停滞，但中国仍然凭借开放和改革，保持着较高的经济增长率，极大地拉动了全球经济发展。这充分证明：中国模式走得通，中国范本可参照。

当前，世界经济仍面临来自多方的挑战：全球经济增长乏力，逆全球化和贸易保护主义抬头，不稳定、不确定因素增多。金荣柱认为，在这一背景下，论坛年会再次聚焦开放和全球化，意义深远。

“自由贸易创造财富，推动发展；贸易保护消耗资源，阻碍繁荣。这是世人普遍认可、经过历史反复证明的道理，”他说，“本国优先和贸易保护主义，最终指向一定是倒退而非发展。就算其在短期内能对本国产业起到保护作用，或者创造一些就业机会，但从长远来看，最终必然会带来人类集体财富的损失，消费者利益的损害。我们有必要多思考：怎么做才有益于发展，有利于后代。”

金荣柱表示：“博鳌亚洲论坛成立 17 年来，为亚洲各国讨论、应对全球性难题提供了一个很好的平台。期待在本次论坛年会上各国、各领域专业人士集思广益，商讨对策，为推动全球化进程，发掘经济增长新动力创造条件、提供可能。”

塞巴斯蒂安·库尔茨：中奥在“一带一路”框架下合作潜力巨大

“‘一带一路’倡议对我们来说是一个重要话题，中国与奥地利在‘一带一路’框架下合作潜力巨大。”陪同奥地利总统亚历山大·范德贝伦对中国进行国事访问并出席博鳌亚洲论坛 2018 年年会的奥地利总理塞巴斯蒂安·库尔茨近日表示。

库尔茨在接受新华社记者书面采访时说，在“一带一路”框架下，运输、能源、电信、智能城市和可再生能源、农村发展、金融服务和电子商务等领域的合作非常具有吸引力。此外，“一带一路”为中国和奥地利在第三方市场开展合作提供了机会。他说，希望在这次访问中，双方能够讨论更多令奥中两国受益的具体项目。

库尔茨说，奥地利和中国迄今已经建立良好和密切的关系，在很多领域还有更多合作潜力，如可持续基础设施项目、环境、文化、旅游和科学领域等。

他谈到一个很好的合作范例：奥中两国科学院在量子通信领域的合作。2017 年 9 月，中国和奥地利进行了世界首次洲际量子保密通信视频通话。他还谈到奥地利在冬季运动领域有很多经验，而 2022 年冬季奥运会将在中国举行。

库尔茨说，奥地利派出一个大型的经济、科学和文化代表团参加这次中国之行，所有参与者都期待与中方交流想法，探讨可在未来开展的合作项目。奥中企业间计划签署许多协议，这无疑将为两国关系发展增添更多动力。奥地利希望提高其在中国的知名度，并促进两国利益相关者之间的联系。

库尔茨说，中国近年来不仅上升为主要经济大国，而且成为一个愿意在解决气候变化或地区冲突等问题上发挥建设性作用的负责任大国。2017 年 12 月，奥地利新政府发布的施政计划中特别关注中国。“这次国事访问是落实这一施政计划重点的重要标志”。

库尔茨说，奥地利是东西方之间的重要枢纽，并且在中国–中东欧国家合作（“16 + 1 合作”）机制中担任观察员。“在这个角色中，我们非常感兴趣地关注正在进行中的发展”。

库尔茨说，他期待访华加强双边交流，同时指出两国在多边层面也有共同利益。“总的来说，我们很高兴奥中在多边领域经常有共同立场”。作为欧盟成员国，奥方还将关注未来如何在多边层面上与中方加强合作。目前，欧中合作已经非常密集和全面，特别是针对不同主题有 60 多个对话论坛的形式。在诸如安全、贸易、气候和环境问题、可再生能源等领域，中国已经是欧盟的主要伙伴。

库尔茨表示，奥地利 2018 年下半年将担任欧盟轮值主席国。奥地利将以此为契机，致力于建设性和更加深化的欧中合作。

呼日勒苏赫：衷心祝愿中国人民早日实现伟大中国梦

“近年来，在中国共产党领导下，中国经济稳步增长，多项民生工程得到成功实施。作为传统友好邻邦，我们对中国取得的这些巨大成就感到由衷高兴。”蒙古国总理呼日勒苏赫在出席博鳌亚洲论坛 2018 年年会并对中国进行正式访问前夕在乌兰巴托国家宫接受中国媒体联合采访时说。

呼日勒苏赫指出，他此次对中国的访问对于进一步促进两国的合作与交流十分重要，两国的友好合作关系对于蒙古国社会、经济发展起着关键作用。

呼日勒苏赫说，近年来，中国一直是蒙古国重要贸易伙伴和投资国，蒙中两国的合作几乎覆盖各个领域并得到稳定发展。为继续深化合作、提高合作效率，两国应将此前达成的各项合作计划逐一落到实处，并实时跟踪监督。

呼日勒苏赫强调，2014 年，蒙中两国建立全面战略伙伴关系，这是事关两国关系长远发展的历史性决策。“我们的全面战略伙伴关系，内涵丰富而深刻，继续巩固和发展这一伙伴关系显得十分迫切。”

呼日勒苏赫说，使用中国优惠贷款的众多大型项目和重要项目正在蒙古国有序稳妥地实施。中国对蒙古国的帮助并未局限在基础设施等大型项目上，也涉及民生和环保领域。

呼日勒苏赫表示，积极发展民间交流、开展人文合作，对筑牢两国关系的社会基础有着十分重要的意义。巩固民间友好交往，首先要加强两国人民对对方国家的深入了解。通过近年来两国的成功合作，蒙古国人民对中国的文化传统、发展成就有了更加深刻的了解。

他还说，蒙古国也希望积极参与中国“一带一路”倡议范围内的文化、人文交流与合作，向中国和“一带一路”沿线国家的人民介绍和宣传自己的国家。

谈及博鳌亚洲论坛2018年年会，呼日勒苏赫说，蒙古国历届政府都非常重视博鳌亚洲论坛，认为这一论坛对加强亚洲整体竞争力有着重要且深远的意义。

呼日勒苏赫表示，中国特色社会主义已经进入新时代，推动构建新型国际关系，推动构建人类命运共同体成为中国特色大国外交的总目标，蒙方对此予以特别关注。

呼日勒苏赫最后祝愿中国人民早日把自己的国家建设成为富强民主文明和谐美丽的社会主义现代化强国，早日实现中国梦。

福田康夫：期待博鳌亚洲论坛促进“亚洲力量”发挥更大影响力

博鳌亚洲论坛2018年年会将于8日至11日在海南博鳌举行。论坛理事长、日本前首相福田康夫日前在东京接受新华社记者专访时说，博鳌亚洲论坛作为公开意见、交流思想的平台，发挥着越来越重要的作用，论坛形成的“亚洲力量”不容小视，他期待论坛更进一步，促进“亚洲力量”发挥更大影响力。

2018年年会主题为“开放创新的亚洲，繁荣发展的世界”，设置了“全球化与‘一带一路’”“开放的亚洲”“创新”“改革再出发”四个板块。

福田说，建立一个没有纷争、所有国家都获得发展、所有人都幸福生活的世界，是人类共同理想。将这一理想变为现实，需要政治领导人高瞻远瞩、指明方向，并尽最大努力付诸实践。正是出于这样的思路，中国提出推动构建人类命运共同体。福田表示，希望各国携手努力实现这一构想。

福田认为，共同发展、共同繁荣是构建人类命运共同体的重要方面。他希望中国能通过制定政策等方式，进一步帮助亚洲国家共同发展。

福田指出，当前世界出现了一些“反全球化”现象，但亚洲国家应清楚认识到，这些现象与世界潮流背道而驰。在这样的时期，亚洲国家更应加强经济合作对话，切实地与世界各国继续合作。

谈及“全球化与‘一带一路’”，福田表示，“一带一路”建设将助力沿线国家发展，并有望推动全球经济、环境保护等领域的对话与协商，促成物资、人才和信息自由流动。“一带一路”不仅是巨大的经济圈，而且还有助于维护世界和平与稳定。

今年恰逢中国改革开放40周年，福田对中国改革开放成就予以高度评价。他说，自己曾惊讶于中国高铁行驶速度之快，而中国整体发展速度就是“高铁速度”。中国的改革开放也可以为其他发展中国家提供经验。

福田还说，2018年年会将是他担任博鳌亚洲论坛理事长期间最后一届年会。今后，他会继续关注博鳌亚洲论坛，期待论坛更具层次、继续提升影响力，在各领域发挥更大作用。

阿巴西：希望博鳌亚洲论坛年会为“亚洲世纪”打造共同愿景

巴基斯坦总理阿巴西赴华出席博鳌亚洲论坛2018年年会前表示，博鳌亚洲论坛已发展成为重要和有影响力的国际会议，希望本次年会能够通过多维度和坦诚的交流为“亚洲世纪”打造共同愿景。

阿巴西2018年4月3日在巴基斯坦总理府接受中国媒体联合采访时作出上述表示。他说，作为博鳌亚洲论坛发起国之一，巴基斯坦和博鳌亚洲论坛有着特殊的联系。此次，他将率政府部长和高级官员代表团赴华参会。

阿巴西说，亚洲各国近年来在经济、贸易、技术、能源等领域不断融合，更需要开放和包容的指导理念。本次年会主题“开放创新的亚洲，繁荣发展的世界”非常契合当下形势，希望与会各界人士对此进行充分探讨，确保本次年会取得成功。

阿巴西在接受采访时特别提到，中国领导人提出的“一带一路”倡议极富远见，在全球范围内赢得日益广泛的支持。通过博鳌亚洲论坛这一具有地区和全球影响的平台，世界将更好地了解中国和“一带一路”倡议。

阿巴西积极评价作为“一带一路”倡议重大先行项目的中巴经济走廊建设。在他看来，中巴经济走廊是两国全面和广泛经济合作的缩影，已经帮助巴方解决电力短缺问题，并将继续帮助巴方解决基础设施、产业发展等重大社会经济发展问题。

2015 年 4 月，中国和巴基斯坦确定了以中巴经济走廊为中心，以瓜达尔港、能源、交通基础设施、产业合作为重点的“1 + 4”合作布局。中巴经济走廊建设促进了地区互联互通，为地区发展繁荣提供了机遇。

据中国驻巴基斯坦大使馆介绍，在中巴经济走廊规划的 43 个项目中，已有 22 个在建或完工，走廊提升了巴方对外资的吸引力，帮助巴国内生产总值保持了 5%以上增长，并为当地创造了近 7 万个直接就业岗位。

阿巴西说，“巴方迫切希望通过中巴经济走廊实现以增长和地区互联互通为着力点的经济复苏，这和巴基斯坦‘2025 年愿景’规划高度契合”，走廊早期收获项目进展顺利，希望将来的产能合作帮助巴方提升各项经济指标，创造更多就业。

阿巴西表示，巴方希望通过推进中巴经济走廊建设，能够与中方一道为构建人类命运共同体作出贡献。“中巴经济走廊不仅让巴基斯坦更好地与中国互联互通，还能让巴基斯坦与中亚、南亚以及中东等地区国家更紧密联通，这能够扩大双边和地区贸易，进一步提升地区经济一体化程度，促进经济社会发展，为地区人民带来繁荣和福祉。”

博鳌亚洲论坛中外学者：美国挑起贸易摩擦必定以损己收场

针对美国近期挑起对华贸易摩擦、摆出咄咄逼人的姿态，出席博鳌亚洲论坛 2018 年年会的多位国内外知名学者认为，华盛顿一手搬起贸易摩擦的石头，必定砸伤自己的脚。

美国约翰霍普金斯大学东亚研究中心主任肯特·凯尔德教授说："鉴于美中贸易是全球规模最大的跨洋贸易，美中贸易摩擦升级无疑将给全球经济带来更大风险。"他说，没有任何一个国家的人民希望打贸易战，美国跨国公司深度参与美中经贸关系，也支持开放的贸易体系。

"美国一手挑起摩擦并摆出貌似要大干一场的架势，会损害中国的利益，但到头来美国的企业和百姓必定会更受伤。"中国国际经济交流中心首席研究员张燕生告诉新华社记者。

他说，2017 年，全球经济增长、贸易和投资等都从长期低迷的泥潭中拔出来，在这个关键时间节点，第一大经济体对第二大经济体挑起冲突，将伤害全球的信心和预期，完全不负责任。

"美国的自信去哪儿了？"谈到中美贸易摩擦，中国社会科学院世界经济与政治研究所所长张宇燕发问。

在他看来，美国动不动就挥舞贸易制裁的"大棒"，恰恰是其自信心削弱的体现。他认为，美国现在对 100 多个国家和地区有贸易赤字，这与美国自身的经济结构密切相关，跟中国打贸易战，也还是需要大量进口而存在贸易赤字。

“从效率比中国低的国家进口产品，意味着美国进口产品价格更高，归根结底，是向美国人民多征税。”张宇燕说。

对此，张燕生也认为，随着中国原产地多元化，未来中国将呈现“全球投资、全球生产、全球出口、全球物流、全球服务”格局，从这个角度看，中国的贸易顺差会在今后一个比较长的时期内持续缩小。

与会学者一致认为，此次中美贸易摩擦，中国被迫反制但反制有力，靶向精准，决心坚定。双方的相互制裁措施并没有真正落地，“爱冒险”的特朗普政府应及时回归理性。

博鳌亚洲论坛与会外方领导人：中国改革开放政策举措是世界福音

博鳌亚洲论坛2018年年会4月10日在海南省博鳌开幕。国家主席习近平出席开幕式并发表题为《开放共创繁荣　创新引领未来》的主旨演讲。与会外方领导人随后致辞表示，中国推出的一系列扩大开放的政策举措令人振奋，中国继续坚定推进改革开放将造福世界，有力推动全球共同发展繁荣。

联合国秘书长古特雷斯说，今年是中国改革开放40周年，我们目睹了中国的变革以及中国与世界关系的变革。本次论坛年会反映了亚洲不断增强的活力和乐观向上的精神，也体现出我们为构建人类命运共同体所做的努力。

奥地利总统范德贝伦说，习近平主席在演讲中表明中国将继续坚定推进改革开放，这不仅将造福中国，也将造福世界。论坛今年以“开放创新的亚洲，繁荣发展的世界”为主题非常契合当前世界形势。亚洲过去数十年都是世界经济的引擎，最近欧洲的经济也开始复苏，在这种情况下，实现世界的繁荣面临着前所未有的机遇，同时也面临很多挑战，更需要各国携手探索，共同应对。

菲律宾总统杜特尔特说，打造更加繁荣的亚洲和世界既是我们的共同利益，也是我们的共同责任。各国应当加强合作实现共同繁荣的梦想。

蒙古国总理呼日勒苏赫说，中国为世界经济增长作出了突出贡献，对于本地区多数国家来说，中国已经是最大的贸易和投资伙伴。他表示，蒙古国一贯支持“一带一路”倡议并寻求与本国发展战略的对接，相信随着经济社会进一步可持续发展，中国将为世界作出更多贡献。

荷兰首相吕特说，贸易保护主义正威胁世界，不仅影响市场运行，同时也阻碍人员交流和思想进步。本次论坛年会开放创新的主题对世界繁荣至关重要，具有强烈的现实意义。他强调，各国应支持世界贸易组织，推动开放、自由、共赢的全球贸易。

巴基斯坦总理阿巴西说，改革开放40年来中国快速发展，成功使数亿人脱贫，也改变着世界经济的面貌。中国在应对气候变化、促进全球贸易、推动世界公平和可持续发展方面都发挥着引领作用。他指出，本次论坛年会的主题既反映了亚洲发展的现实，也展示了光明的前景。亚洲国家需要做出战略抉择，携手努力打造更加充满希望的未来。

新加坡总理李显龙说，亚洲经济表现超过其他地区主要得益于开放。要维持本地区活力，各国应继续保持开放，加强互联互通，通过以世界贸易组织为基础的多边贸易体系促进全球发展。他表示，中国领导人在多个场合阐述了支持多边主义和开放的立场，亚洲基础设施投资银行和

“一带一路”倡议就是中国对地区繁荣作出的两大重要贡献。

国际货币基金组织总裁拉加德说，习近平主席在演讲中大力倡导创新、包容、开放等理念，并提出涉及金融、保险、汽车等诸多领域的开放措施，各国应以同等务实的态度予以回应。她表示，亚洲贡献了全球增长的三分之二，对世界经济具有重要意义。各国应进一步扩大贸易，这样创新才能进一步得到分享。

◎延伸阅读◎

奏响共同繁荣发展的命运交响

4月的博鳌，潮平海阔，天高风暖。

随着博鳌亚洲论坛2018年年会拉开帷幕，亚洲乃至世界进入“博鳌时间”。

中国国家主席习近平将应邀出席论坛年会开幕式并发表重要主旨演讲，2000多位各界嘉宾将为亚洲和世界的未来贡献智慧。世界的目光透过博鳌，洞察新时代的中国，把脉亚洲和全球发展的未来。

立足亚洲，面向世界。走过17载风云激荡，博鳌亚洲论坛将在新起点上奏响共同繁荣发展的命运交响。

开放创新，中国助力打造世界增长引擎

4月8日至11日，围绕“开放创新的亚洲，繁荣发展的世界”这一主题，来自全球政界、工商界、学术界等各界代表将碰撞观点，畅议亚洲乃至全球的未来。

“论坛主题反映出亚洲在拉动世界经济增长方面发挥越来越重要的作用。”中国人民大学国际关系学院教授王义桅说，去年中国对全球经济增长贡献率超过30%，亚洲对世界经济增长贡献率超过50%，成为当之无愧的稳定器和动力源。

17年一路走来，博鳌亚洲论坛见证了亚洲经济的一路成长。

在经济全球化进程中，亚洲成为全球最具经济发展活力的地区：全球最大的货物与服务贸易市场，重要的外国直接投资来源地和流入地，异军突起的“新兴经济体”最为集中的地区。

然而，随着世界经济格局的深度调整，亚洲经济似乎又走到了新的“十字路口”：一些国家出口下滑、债务规模扩大、货币贬值、资本外流、经济持续下行。

新形势下，曾经凭借开放与创新创造多个经济奇迹的亚洲，怎样找寻新的发展坐标，发掘新的发展动能，激发新的发展活力？

博鳌亚洲论坛秘书长周文重指出，亚洲只有通过新一轮更大规模更深程度的开放，通过新一轮技术创新、制度创新、模式创新，才能解决制约亚洲可持续发展的结构性矛盾。

“本届博鳌亚洲论坛年会倡议构建‘开放’和‘创新’的亚洲，将成为推动亚洲新一轮高水平开放和高质量创新的重要平台。”中国社科院世界经济与政治研究所副研究员徐秀军说。

2018 年恰逢中国改革开放 40 周年，又是贯彻落实党的十九大精神开局之年，新起点上将吹响深化改革再出发的号角。国务委员兼外交部部长王毅日前表示，本届博鳌亚洲论坛年会将展示中国改革开放新前景。

“习近平主席将对中国改革开放伟大成就、重要经验和启示、世界意义和影响，以及在新的历史当口中国将如何推动对外开放再扩大、深化改革再出发作出最权威的阐释，大家将听到一系列新的改革开放重要举措。”王毅说。

“在当前发达经济体保护主义抬头的形势下，中国高举开放大旗，表明中国的大国责任和担当。”中国国际经济交流中心学术委员会委员王军说。

创新引领未来。“未来的交通”“未来的生产”“未来的通信”“新一轮技术革命”……本届年会众多分议题围绕创新，着眼长远未来。

“新一轮全球科技革命正孕育兴起。无论是发达国家还是发展中国家都应当在科技创新方面寻求突破，不断解放和发展社会生产力，提高劳动生产率，这是世界实现持续繁荣发展的必由之路。”王军说。

中国正在推进的高质量发展，就是要从“重视数量”转向“提升质量”，从“规模扩张”转向“结构升级”，从“要素驱动”转向“创新驱动”。

“开放创新既是亚洲与世界能否成功应对结构性改革挑战的关键，也是中国下一步搞好深化改革、扩大开放的关键。”周文重说，鉴于中国占亚洲经济总量比重超过一半、占世界经济总量比重约15%，中国的开放创新必然对亚洲乃至世界产生重要推动作用。

共同发展，中国描绘更加美好未来图景

回首20世纪90年代，博鳌还是只有1.5万名居民的渔业小镇，连条像样的马路都没有。

如今的博鳌，日均接待游客1.58万人次，拥有会议场地逾1万平方米、星级酒店10余家，机场年度旅客吞吐量突破30万人次，已有9家航空公司开通了10余条航线。

今日的博鳌小镇，更是亚洲乃至世界各国人民发展命运相连的一个缩影。

作为亚洲和新兴经济体的主要对话平台之一，博鳌亚洲论坛年会的主题密切关注亚洲发展的新形势、新问题，并蕴含期许。

对2002年首届年会至2017年年会的主题进行关键词提取，“亚洲”

一词出现了 19 次，“共赢”出现了 5 次，体现出历届年会主题虽然丰富多样，但目标一致——促进亚洲各国实现共同发展。

自成立之初，博鳌亚洲论坛就致力于推动亚洲一体化。

今年，博鳌亚洲论坛继续推出《亚洲经济一体化》《新兴经济体报告》《亚洲竞争力报告》，围绕促进亚洲共同发展建言献策。

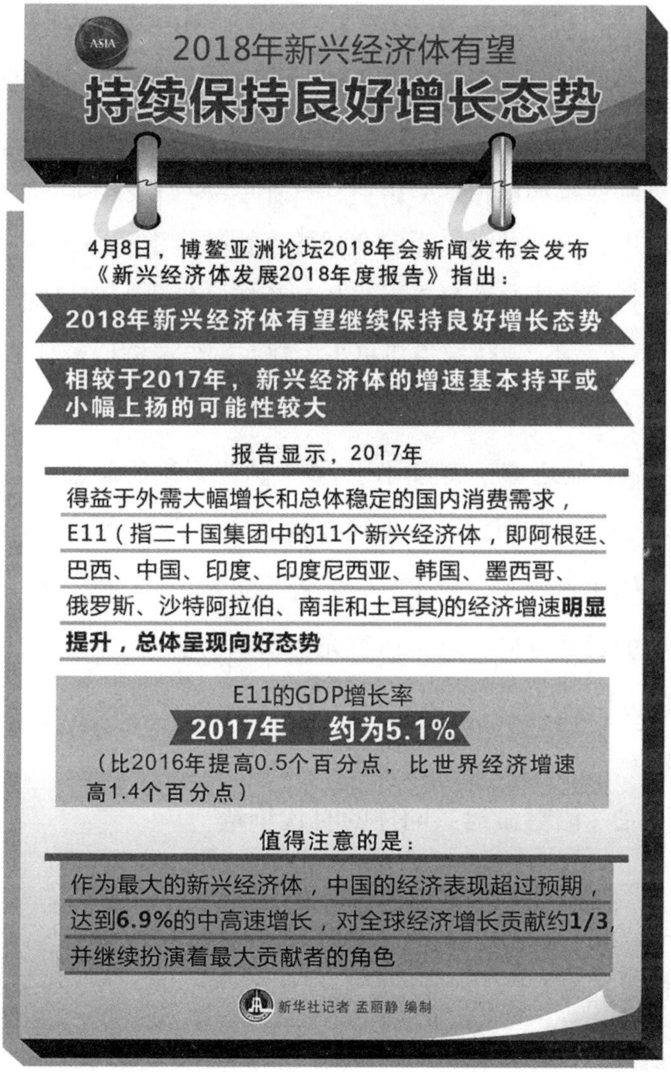

“博鳌亚洲论坛建立在开放、理解、包容及更紧密的经济一体化基础上，可以促进本地区乃至世界的和平与繁荣。我期待参与‘亚洲经济一体化的加速器’等话题的讨论。”美国前商务部长古铁雷斯说。

2015 年，正是在博鳌亚洲论坛年会期间，中国发布《推动共建丝绸之路经济带和 21 世纪海上丝绸之路的愿景与行动》，提出了共建“一带一路”的方向和任务。

近年来，亚洲经济一体化依托“一带一路”建设，多层面跨境合作共同发力，呈现出向纵深发展趋势。

加快基础设施建设，便利沿线经济体的经贸和人文往来；共同探索建立立足周边、辐射沿线、面向全球的高标准自由贸易区网络体系；充分发挥亚投行、丝路基金等金融机构的作用，推进亚洲投融资制度的建立和完善……“一带一路”建设成果为破解亚洲发展困境贡献了中国智慧。

2018 年的博鳌亚洲论坛上，“全球化与‘一带一路’”议题将继续作为四大主题板块之首，成为国内外参会人士讨论的焦点。

前来参会的巴基斯坦前总理阿齐兹说，“一带一路”倡议将进一步提高区域一体化程度和合作水平。习近平主席用“一带一路”倡议为中国指明了新的发展方向，这是通往光明未来的前进方向，也是值得世界各国追寻的方向。

携手同心，谱写命运共同体的时代华章

17 年同舟共济，博鳌见证了亚洲共识的凝聚、亚洲合作的深化和亚洲影响力的迅速提升。

特别是近 5 年来，构建亚洲命运共同体、“一带一路”倡议等一系

列影响重大的中国方案蜚声博鳌，造福亚洲，并深刻影响着当今世界。

王毅介绍，本次年会期间，习近平主席将就进一步推动构建亚洲和人类命运共同体、开创亚洲和世界美好未来，鲜明发出中国声音，阐明中国立场。

这是载入人类共同发展史册上的重要节点——

2013 年 4 月，在就任国家元首之初，习近平主席在博鳌亚洲论坛年会上发表演讲时就提到了“命运共同体”；时隔两年，在以这一关键词为主题的 2015 年年会上，习近平主席对“命运共同体”作出了更系统的阐述。

5 年来，习近平主席一半的出访面向周边国家。

提出亲诚惠容的周边外交理念，倡导亚洲安全观，打造遍布周边的伙伴关系网，巩固和扩大区域合作势头，积极推动解决热点问题……中国国家领导人身体力行，为构建亚洲命运共同体汇聚起广泛共识和磅礴力量。

继构建人类命运共同体理念写入联合国决议之后，新时代的中国更着力推动构建新型国际关系、打造亚洲和人类命运共同体。

放眼全球，这一理念契合各国发展所需，愈发深入人心。

博鳌亚洲论坛理事长福田康夫认为，共同发展、共同繁荣是构建人类命运共同体的重要方面，中国通过制定政策等方式，将进一步推动亚洲国家共同发展。

即将出席论坛开幕式的联合国秘书长古特雷斯说，中国在推动实现联合国 2030 年可持续发展议程中，在南南合作中，发挥非常重要的作用。“不让任何一个人掉队，改变全球不公正的状况，这就是习近平主席经常提到的构建人类命运共同体。”

巴基斯坦总理阿巴西表示，巴方希望通过推进巴中经济走廊建设，与中方一道为构建人类命运共同体作出贡献。

世界好，亚洲才能好；亚洲好，世界才能好。

摒弃过时的零和思维，超越你少我多、你输我赢、一家通吃格局，中国开出的构建亚洲和人类命运共同体的良方，就是要在开放中拓展发展空间、在联动中凝聚发展合力、在包容中夯实发展基础。

商务部 2018 年 1 月发布的数据显示，中国已成为亚洲 16 个国家的最大贸易伙伴，与亚洲周边国家经贸融合大大加深。

国际货币基金组织在最新一期《世界经济展望报告》中称，亚洲经济出现了“令人惊喜的显著增长”，预计今明两年亚洲新兴和发展中经济体增长约 6.5%，与 2017 年增速基本持平，有望继续对全球经济增长贡献一半以上。

以应对亚洲金融危机和国际金融危机的守望相助、同舟共济精神为底色，亚洲命运共同体建设繁花似锦，向世界呈现出一幅绚丽多彩的画卷。

“在当前世界经济走向充满诸多不确定性、全球贸易保护主义抬头的大背景下，需要充分发挥博鳌亚洲论坛平台作用，使亚洲乃至世界各国进一步提升共同体意识，为创造一个繁荣发展的亚洲和世界贡献智慧和力量。”中国社科院世界经济与政治研究所研究员倪月菊说。

“亚洲和世界和平发展、合作共赢的事业没有终点，只有一个接一个的新起点。”5 年前，习近平主席在博鳌亚洲论坛开幕式上如此说。

5 年后，一个新的起点正从美丽的博鳌小镇延伸，连接中国、亚洲与世界，勾画出人类命运共同体的宏伟愿景，共同谱写开放创新、繁荣发展的美好未来。

坚定奉行开放战略　同心构建繁荣未来

2018年4月10日上午，博鳌亚洲论坛2018年年会在海南省博鳌开幕。国家主席习近平出席开幕式并发表题为《开放共创繁荣　创新引领未来》的主旨演讲。国际社会对习主席演讲高度关注，积极评价中国坚持改革开放不动摇的政策宣示、继续推出扩大开放的重大举措以及与亚洲和世界各国一道共创美好未来的重要倡议。

中国改革开放深刻影响世界

泰国国家发展行政学院国际问题专家李仁良说，正值中国改革开放40周年，40年的改革开放不仅让中国迅速发展，也促进了世界经济繁荣。相信更多国家能够通过博鳌亚洲论坛了解中国的发展之道，学习借鉴中国的成功经验。

巴基斯坦巴中友好协会秘书长阿里·纳瓦兹·吉拉尼说，习主席的深化改革举措将让中国与世界更密切、让中国更开放。随着中国深化改革，世界各国将会越来越深切地感受到，中国改革开放也将惠及邻国、地区和世界。

菲律宾雅典耀大学中国问题专家卢西奥·皮特洛说，中国坚持改革开放对许多发展中国家来说既是一种重大启示，也是一个重要机遇。随着中国向世界提供公共服务的能力不断增强，相信中国将对人类的福祉作出更大贡献。

墨西哥城自治大学国际政治研究员何塞·路易斯·莱昂—曼里克斯说，通过博鳌亚洲论坛这一平台，中国将改革开放新成果和经济发展新趋势与世界分享。中国将推动全球贸易开放，促进全球贸易体系平衡。

继续扩大开放付诸实际行动

美国《华尔街日报》报道说，习主席承诺中国在金融业和制造业领域放宽市场准入，这说明中国将致力于捍卫自由贸易体系。这一信息推动全球股市行情上涨。

澳大利亚前贸易部长克雷格·埃默森认为，习主席提出中国将采取主动扩大进口举措令世界倍受鼓舞，今年将举办的首届中国国际进口博览会将进一步证明中国欢迎有竞争力的商品。

马来西亚太平洋研究中心首席顾问胡逸山认为，习主席宣布一系列开放市场、扩大进口举措，这让包括马来西亚在内的周边国家由衷赞同。希望中国在保护主义、逆全球化抬头情况下继续高举自由贸易旗帜，反对贸易保护主义，维护多边贸易体制权威。

各国携手前行共创美好未来

日本明治学院大学经济学部教授宋立水说，习主席在演讲中呼吁各国面向未来，同心协力、携手前行，努力构建人类命运共同体，这反映了中国为推进世界和平与合作、开放与繁荣而勇于担当大国责任，对国际社会应对一系列全球治理问题具有重大意义。

印度尼赫鲁大学教授巴利·拉姆·迪帕克说，习主席在演讲中多次提到人类命运共同体理念和“一带一路”倡议，这些是地区和全球经济发展不可或缺的一部分，不仅有益于亚洲国家，也将造福整个世界。

肯尼亚内罗毕大学国际经济学讲师盖里雄·伊基亚拉说，正如习主席所言，“一带一路”倡议源于中国，但机会和成果属于世界。“一带一路”可被视为人类命运共同体的重要实践载体，既维护了开放型世界经济体系，也深化了区域合作，彰显中国为推动全球治理体系朝着公平公正方向发展的大国担当。

新零售：是概念还是趋势?

作为与消费者息息相关的行业，零售业正在经历重要变革。新零售新在哪？智能在新零售中扮演什么角色？有哪些典型的新零售场景？参加博鳌亚洲论坛 2018 年年会的行业巨头和新型创客分享了他们的看法。

新零售是智能化系统化的改变 解决传统零售痛点

专家指出，中国零售 20 年的发展实现了两个 10 倍的增长。前一个 10 年是专业的实体零售店实现了 10 倍的增长；2008 年—2018 年是电子商务高速发展的阶段，也呈现了 10 倍的增长。十多年前，有人说沃尔玛把所有人打败了，但现在沃尔玛的市场份额在下跌。同时，电商面临体验性差和流量瓶颈的发展困境。

“电商发展的核心是流量，但中国的互联网用户已经从 2 亿增加到

8.5 亿，如今流量的红利在减弱，获取客户的成本变得非常高。”国美零售控股有限公司执委会主席、国美零售服务总裁何阳青说。

零售行业需要新的变革。

何阳青说，国美把新零售定义为共享零售，包括三个维度：商务、社交和利益分享。在渠道的方面，要具备线上电商加线下实体店，加上移动实体端的分享，只有这样的零售，才能全面满足用户需求。

“与传统零售相比，新零售要解决的最核心问题是送货快。电商没有实体店，送到客户家里 24 小时算快了，我们现在要做的就是如何实现当日达，解决客户的痛点和需求。”何阳青说。

这个痛点还包括商家的痛点。凯德集团总裁兼首席执行官林明彦说，目前的实体商家没法满足客户多样化需求，这就需要一个共享平台，让商家可以更好地结合线上和线下，为消费者提供更好的体验。

波士顿咨询公司全球主席汉斯－保罗·博克纳认为新零售不是一次性的交易，预测和创建客户需求，为客户提供持久的满足是非常重要的。

与会业内人士认为，新零售实际上是一个系统性的、跨整个供应链的，尤其对客户需求的认知上具有前所未有智能化能力的新业态。

大数据成为新零售发展的重要支撑

智能化的零售系统需要大数据的支持。

汉斯－保罗·博克纳认为，新零售新在无论零售商还是电商以及任何与零售消费者打交道的公司，都需要好好进行数据分析，从大数据中挖掘客户的需求，尽可能地接近消费者，与消费者互动，提升客户体验，同时对供应链进行数据化管理。“很不幸，目前零售商没有很好地利用这些数据。如果充分利用大量数据来做分析，将更好了解客户未来的需求是什么，创造的体验就更好。”他说。

这个问题也让国美这样的老牌知名零售商深受触动。何阳青介绍说，作为几十年的传统零售商，积累了大量的用户数据，但只是数据大，而不是大数据。现在大约85%的消费还是产生在实体店里，15%在线上发生，但实体店的消费是不记名的，也不知道某个客户是什么时候产生的消费，所以就需要更加智能化的数据采集技术。“近几年公司最大的变化，就是技术人员、科学家多了，将近一万名做大数据的技术人员，导致公司内部整体机制从更注重职务的级别到更注重技术上的级别，以吸引更多大数据人才到公司来。”何阳青说。

花点时间是个新零售品牌，创始人朱月怡说，2017年该公司售出了三亿枝鲜花，约为昆明的国际鲜花节拍卖的1/3。为什么会取得这样的成绩？“我们用大数据把客户和供应链上的农户联系在一起……大数据最重要的作用是有机会把渠道、品牌、用户和供应链完全联结在一起，变成一个正向的系统循环，创造了新需求，扩大了增量。”朱月怡说。

新零售的应用场景尚不清晰 仍需回归零售本质

整体上目前概念化的新零售讨论较多，应用场景较少。

做跨境电商的大龙网CEO易青认为，新零售的场景很显然是基于中国国内成熟的电子商务环境和完善的数据系统，以及发达的物流配套措施，但谈到跨境电商，尤其是“一带一路”国家，那里基础设施服务和大数据积累与中国有天壤之别。“‘一带一路’沿线一些地区，没有移动支付，也没有人送货到最后的一公里。”易青说。

何阳青提醒，零售无论怎么改变，充分满足顾客需求这个根本不会改变。随着中国的发展，消费者个性化、差异化的需求在增长，取代过去的功能型、满足性的需求。

“无论用什么技术，核心是如何与用户进行更深层次的交互，变低频次交互为高频次交互，实现和客户的强连接。”何阳青说。

4. 潮起博鳌

——构建人类命运共同体

从博鳌出发，品读中国外交新画卷

4 月 8 日，全球目光将聚焦北纬十九度的一个滨海小镇。博鳌亚洲论坛 2018 年年会在这里拉开帷幕。

一城春色，万顷波涛。从博鳌出发，见证新一年中国主场外交不同凡响的启幕，品读新时代中国外交浓墨重彩的新画卷，感知中国与世界紧密互动、彼此塑造、共创未来的新脉动。

本次年会以“开放创新的亚洲，繁荣发展的世界”为主题，展现中国立足亚洲、造福世界，引领开放创新、共创繁荣未来的担当。40 年改革开放的厚重积淀，为中国外交“博鳌篇”增添历史纵深。这场让数亿人脱贫、书写人类发展史上奇迹的深刻变革，改变了中国的面貌，也见证了中国在全球时空坐标系中的位移。处在新的历史当口，“将改革进行到底”的行动力会转化成怎样的“中国红利”；中国如何践行创新发展理念，打造新型伙伴关系；中国如何与各国互利共赢，描绘美好未来……世界充满期待。

中国的发展，根植于亚洲、得益于世界，也将继续造福亚洲、增益世界。从“共商共建共享”的价值坚守，到“一带一路”的扎实推进，从深化区域合作，到构筑周边命运共同体，中国外交在理论和实践层面不懈探索，为构建新型国际关系开创范例，为构建亚洲命运共同体汇聚澎湃力量。

倡导立己达人、互利共赢的中国外交理念正在众多区域合作和多边舞台上光芒闪耀。成立于2001年的上海合作组织，在“上海精神”引领下，已经成为构建新型国际关系、构建人类命运共同体的又一典范。安全合作、经济合作、人文交流“多轮同转”，凝聚守望相助的地区共识，增添区域合作的发展动力。6月在青岛举行的上合峰会将成为这一新型区域组织发展进程中一座里程碑。

不论“博鳌智慧”还是“上海精神”，都紧紧把握住时代精神、契合发展节拍。构建新型国际关系的实践中，中国秉持正确义利观，照顾各方舒适度，寻找最大公约数，在发展中国家中引发强烈共鸣。

5年来，真实亲诚的对非政策理念，化为非洲大陆上一条条公路铁路、一座座机场港口，化为中非减贫合作的新议程、南南学院的新课程、经济开发区的新项目。9月将在北京举行的中非合作论坛峰会，聚焦中非共建“一带一路”，是时隔12年后中国和非洲各国领导人再次相聚北京。这场收获时节的盛会，将向世界传递强烈信号：插上“一带一路”的翅膀，中非合作将会飞得更高更远；搭乘“中国号”快车，非洲大陆加速驶向美好未来。

稳定繁荣的中国，是世界的红利。中国的发展理念、发展模式、改革开放、锐意创新，将给世界带来更多机遇。11月将在上海举行的首届中国国际进口博览会，致力于打造一个“摆在各国家门口的大市场”。这一创新之举，展现出中国推动新一轮高水平对外开放的决心和信心，推进“一带一路”国际合作倡议的行动力和创造力，支持经济全球化和贸易自由化的定力和魄力，也与博鳌亚洲论坛年会的主题遥相呼应。

从博鳌到上海，从地区到多边，从政治到经济，从文化到安全，从改革开放到“一带一路”，场景切换，题材多元，锐意创新，气势磅礴，而构建新型国际关系、构建人类命运共同体的鲜明主题贯穿始终。日益走近世界舞台中央的铿锵步伐里，中国作为世界和平建设者、全球发展贡献者、国际秩序维护者的形象愈发深入人心。

2018 年，徐徐展开的中国特色大国外交画卷，映照出中国与世界利益交汇的共振与共鸣、合作共赢的姿态和行动、命运与共的使命和担当。从博鳌出发，读懂新时代中国外交的大格局、大手笔、大胸怀，读懂中国与世界共绘开放创新、繁荣发展的美好未来。

汇聚构建人类命运共同体的时代强音

身处博鳌，扑面而来的是浩瀚太平洋的风。

与世界同行，汇聚共识和力量。

2018 年 4 月 8 日至 11 日，来自世界各地的 2000 多名嘉宾在博鳌这个海滨小镇上交流互鉴，议共促亚洲和世界繁荣大格局，商迈向人类命运共同体之大计。

国际形势的历史关口，高瞻远瞩的战略担当。

“中国开放的大门不会关闭，只会越开越大！”“让我们坚持开放共赢，勇于变革创新，向着构建人类命运共同体的目标不断迈进，共创亚洲和世界的美好未来！”

国家主席习近平在博鳌亚洲论坛2018年年会开幕式作重要主旨演讲，引发全球热烈共鸣。

美美与共，世界大同。

中国声音、亚洲声音、世界声音，汇聚成构建人类命运共同体的时代强音。

凝聚发展信心——回答时代之问，释放共创繁荣的强烈信号

历史总在关键处绽放耀眼的光芒。

在当今全球阴晴不定的政经形势下，这是一个具有世界历史意义的时刻——

“我认为，回答这些时代之问，我们要不畏浮云遮望眼，善于拨云见日，把握历史规律，认清世界大势。”

4月10日上午9时37分，习近平健步走上博鳌亚洲论坛国际会议中心主会场讲台发表重要主旨演讲。

万众期待的演讲，指明了世界应何去何从的正确方向，在重要的时刻提供了正确的答案。

当今世界已是利益共同体——“世界已经成为你中有我、我中有你的地球村，各国经济社会发展日益相互联系、相互影响，推进互联互通、加快融合发展成为促进共同繁荣发展的必然选择。”

当今世界已是责任共同体——“对话协商、共担责任”“只有坚持和平发展、携手合作，才能真正实现共赢、多赢。”

当今世界已是命运共同体——“开放还是封闭，前进还是后退，人类面临着新的重大抉择。”“共创和平、安宁、繁荣、开放、美丽的亚洲和世界。”

从容自信的目光，坚定有力的话语。

习近平主旨演讲阐述的每一个重要观点，释放的每一个重要信号，发出的每一个重要倡议，都引发现场嘉宾广泛共鸣，约40分钟的讲话，现场报以15次热烈掌声。

“我高度赞赏习近平主席发表的主旨演讲，特别是中国将坚定推进改革开放的积极信息，为当今世界增加了确定性和希望。世界需要像中国这样的领导力量。”国际货币基金组织总裁拉加德说。

“中国将继续坚定推进改革开放。不仅造福中国，还将造福全球。”奥地利总统范德贝伦说。

万泉河边的论坛新闻中心，上千名中外记者争分夺秒，将习近平的“博鳌声音”从博鳌小镇传向亚洲，传遍世界。

全球市场也为之振奋。美国《华尔街日报》报道称，习近平在博鳌宣布中国将在金融业和制造业领域放宽市场准入，这说明中国将致力于捍卫自由贸易体系，这一信息推动全球股市上涨。

博鳌声音，亚洲方案，世界瞩目。

17年栉风沐雨，砥砺前行。博鳌亚洲论坛从小到大，博鳌声音由弱到强，成为举世瞩目的全球外交平台。

“2001年论坛成立大会时，我们从海口拉桌椅板凳去博鳌，货车司机不知道博鳌在哪儿。17年，论坛创造了‘博鳌奇迹’。”回忆起初创时期的情形，海南省外事侨务办公室主任王胜感慨万千。

博鳌亚洲论坛一路走来，印证着时代大格局的变迁。

博鳌亚洲论坛成立之初的亚洲，经历金融危机重创不久，经济复苏进程艰难，亚洲国家唯有加强对话、协调合作才能突破困境、重塑未来。

也是那一年，中国正式踏入世界贸易组织的大门。

17 年来，博鳌这个由百年渔村发展而来的小镇已拥有 10 余家星级酒店，新建道路、高铁、机场，小镇拥有立体交通体系，全年接待游客达 580 万人次；作为中国最大经济特区的海南，也成为中国最开放、最具活力的地区之一。

17 年来，中国经济总量由世纪之初的世界第六跃升至世界第二，成为世界第一大工业国、第一大货物贸易国、第一大外汇储备国，成为世界经济增长的主要稳定器和动力源。

17 年来，亚洲经历金融危机后的复苏乏力，成为世界最具活力和最为开放的地区之一，贡献了三分之二的全球增长。

从新世纪到新未来，从应对危机到绿色复苏，从合作共赢到开放创新，从可持续发展到命运共同体……博鳌亚洲论坛年会主题和议题始终紧跟时代潮流，凝聚广泛共识；本次年会主题更是聚焦“开放创新的亚洲，繁荣发展的世界”，以推动亚洲和世界共创美好未来。

“久久不见久久见，久久见过还想见。”习近平引用一句海南民歌，欢迎八方嘉宾。他给予论坛高度评价：“博鳌亚洲论坛成立以来，立足亚洲，面向世界，在凝聚亚洲共识、促进各方合作、推进经济全球化、推动构建人类命运共同体等方面建言献策，提出许多富有价值的‘博鳌方案’，作出了积极贡献。”

从当年论坛成立时只有 26 个国家 500 余人出席，到 2018 年来自 63 个国家和地区 2000 多名嘉宾参会，越来越响亮的“博鳌声音”与中国和亚洲的发展进程紧密相连。

继往开来，接力传承。

本次博鳌亚洲论坛年会上，产生了新一届理事会。第八任联合国秘书长潘基文当选理事长；第十二届全国政协副主席、中国人民银行原行长周小川出任论坛中方首席代表。

博鳌的声音，全球的期待，中国的担当。

2010年、2013年、2015年，今年已是习近平第四次出席论坛年会，他在论坛上发表的一系列极具前瞻性和战略性的真知灼见和倡议主张，已经成为当今亚洲和世界各国的广泛共识并付诸行动。

世界大势浩浩荡荡，沧海横流方显真章。

今天的中国，不仅有担当的宽肩膀，更有成事的真本领。

党的十八大以来，中国以积极作为的务实行动，彰显负责任大国的担当，吸引越来越多的国家共商共建共享，在合作共赢的阳光大道上行稳致远。

80多个国家和国际组织同中国签署合作协议，一大批有影响力的标志性项目成功落地，“一带一路”建设展现出蓬勃生机；中国寻求与各国利益交汇的最大公约数，一起做大共同利益的蛋糕……

“中国已成为多边主义的最重要支柱和促进世界和平与发展不可或缺、值得信赖的重要力量。”联合国秘书长古特雷斯在本次论坛上这样赞赏。

贡献治理良策——高擎改革开放大旗，中国方案为全球发展增添新动力

历史，总是在一些特殊年份给人们以汲取智慧、继续前行的力量。

2018年是中国改革开放40周年，恰逢海南建省办经济特区30周年。特殊的年份，特殊的关口，赋予本次论坛更加特殊的意义。

“中国改革开放40年经验的一个重要启示就是：中国发展离不开世界，世界发展也需要中国。”

“中国通过改革开放实现自身发展，创造了中国奇迹，同时又通过自身发展为世界进步贡献力量。”

……

习近平11日集体会见博鳌亚洲论坛现任和候任理事时再次突出强调“中国改革开放40年”的经验启示。

一个国家、一个民族要振兴，就必须在历史前进的逻辑中前进、在时代发展的潮流中发展。改革开放是中国的第二次革命，也是全球大势发展必然的大逻辑。

“坚定不移全面深化改革，逢山开路，遇水架桥”“我们改革的步伐不会停歇”“过去40年中国经济发展是在开放条件下取得的，未来中国经济实现高质量发展也必须在更加开放条件下进行。”……习近平在博鳌亚洲论坛年会期间释放的信号，彰显出中国继续深化改革开放的坚定意志和决心，也让世界吃上“定心丸”。

10日下午，博鳌国际会议中心东屿宴会大厅。一场名为“改革开放40年：中国与世界”的分论坛正在进行。

“在经济全球化的今天，没有哪个国家可以独善其身，开放是最好的答案。”法国前总理拉法兰亮明观点，引发中外嘉宾赞许。

自1976年首次访华以来，拉法兰一直关注中国的发展，并深刻感受着改革开放给中国带来的翻天覆地变化。

在博鳌亚洲论坛国际会议中心主会场入口的《纪念中国改革开放40周年成就视觉展》，呈现的一张张历史图片令人感慨万千。

40年前，中国大陆人均GDP只有155美元，排名全球倒数第三；

40年后，中国人均GDP超过8800美元，人民生活从短缺走向充裕，从贫困走向小康。

在拉法兰眼中，站在改革开放40周年历史节点，中国承诺“对外开放再扩大、深化改革再出发”，诠释了新时代中国开放包容、互利共赢的大国气度，彰显从容与自信。

日益走近世界舞台中央的中国，释放越来越强劲的发展引力——

坚定不移全面深化改革开放，这是中国基于发展需要作出的战略抉择，也是在以实际行动推动经济全球化造福世界各国人民。

从引进来到走出去，从加入世界贸易组织到共建“一带一路”，为应对亚洲金融危机和国际金融危机作出重大贡献，连续多年对世界经济增长贡献率超过30%……如今的中国已成世界经济的强劲引擎。

“通过改革开放，世界见证了中国高水平的创造力。”现场聆听习近平演讲的澳大利亚前外长鲍勃·卡尔如此表示，许多国家希望搭上中国发展的“快车”，改革开放不仅改变了中国，也深刻影响了世界。

新加坡总理李显龙表示，中国处理国际事务向来能够高瞻远瞩且有战略性视角，为强化多边贸易体系作出更多贡献，符合中国的根本利益，也契合中国在世界舞台上扮演的更重要角色。

奉行互利共赢开放战略的中国，彰显负责任大国的担当——

“大幅度放宽市场准入”“创造更有吸引力的投资环境”“加强知识产权保护”“主动扩大进口”……习近平在主旨演讲中宣布的重大开放举措，勾勒出中国对外开放全新局面的明确路径，也必将为亚洲和全球经济增长注入新的澎湃动力。

“构建全面开放新格局是中国进入新时代的历史抉择。”中国国际经济交流中心首席研究员张燕生认为，开放应该是相互的、非歧视的，有理由相信，中国的对外开放，一定能够为锻造中国、亚洲乃至世界的美好未来提供不竭动力。

“期待深化两国合作，共同打造共建‘一带一路’伙伴关系，实现互利共赢。”荷兰首相吕特高度评价习近平主席的主旨演讲，并表示荷方重视中方在国际事务中的重要作用，支持自由贸易，致力于推动加强欧中关系。

迈向高质量发展新征程的中国，传递出令人期待的新希望——

在 9 日下午的“数字经济：智慧的价值”分论坛现场，屏幕上一张 PPT 的出现让现场观众纷纷掏出了手机拍照。

这张标有“有史以来最好的时代”中英文字样的 PPT，来自美国未来学家凯文·凯利，有“互联网预言家”之誉的他称：已看到这个时代“未来的样子”——比如虚拟现实、混合现实、区块链等将在不远的未来彻底改变人类生活。

这样的声音也从其他分论坛上传出——“未来的生产”“未来的交通”“未来的通信”“新一代技术革命”……一幅创新引领未来的蓝图清晰可见。

“这是我第 15 次参加博鳌亚洲论坛，这 15 年里，我亲眼见证创新的浪潮。”百度总裁张亚勤说，必须大踏步迎接这个新时代。

中国改革开放再出发、中国倡议的“一带一路”、中国的高质量发展、中国新四大发明……论坛期间呈现出的“中国未来”“中国方案”和“中国智慧”，引发与会嘉宾的热切讨论。

新时代的中国，让人满怀期待。

论坛年会举行期间，中国新组建的文化和旅游部、中国银行保险监督管理委员会、国家市场监督管理总局和国家药品监督管理局等部门相继揭牌，国务院各部门机构改革进入实质性落实阶段，预示着新时代中国实现高质量发展的举措正在加速推进。

党的十九大报告描绘了中国决胜全面建成小康社会、全面建设社会主义现代化强国的宏伟蓝图，来自中国的风景受到越来越多国际人士的关注。出席论坛的许多国外政要、专家学者、企业家等都惊叹于中国从“赶上时代”到“引领时代”的伟大跨越。

“没有改革开放就没有阿里巴巴！未来中国坚持改革开放，不仅是对中国的担当，更是对全世界的担当。”阿里巴巴董事局主席马云这样说。

汇聚全球共识——携手同行构建人类命运共同体

“长空横海色，断岸落潮声。”论坛期间，博鳌金湾畔，由“一带一路”沿线国家60多位艺术家共同完成的雕塑展，将历史与今天、中国与世界呈现在同一时空。

海南，昔日海上丝绸之路的重要枢纽，今天中国与东盟、南亚、中东沿海各国海上交往的最前沿，见证着中国潮与世界潮的激荡交融。

“我希望，各国人民同心协力、携手前行，努力构建人类命运共同体，共创和平、安宁、繁荣、开放、美丽的亚洲和世界。”习近平在论坛开幕式上的这句话，道出与会嘉宾的共同心声。

“习主席在2015年9月联合国大会作发言的时候，就强调了这样的一个愿景：构建人类命运共同体，这为所有成员国提供了灵感。”潘基文说。

大国风范，兼济天下。

5年前，习近平在博鳌的演讲中提出，“人类只有一个地球，各国共处一个世界”“应该牢固树立命运共同体意识”。

3 年前，他在博鳌提出："通过迈向亚洲命运共同体，推动建设人类命运共同体。"

今天，面对复杂多变的世界，他进一步发出时代强音——

"和平与发展是世界各国人民的共同心声，冷战思维、零和博弈愈发陈旧落伍，妄自尊大或独善其身只能四处碰壁。"

"人类社会发展的历史告诉我们，开放带来进步，封闭必然落后。"

"变革创新是推动人类社会向前发展的根本动力。谁排斥变革，谁拒绝创新，谁就会落后于时代，谁就会被历史淘汰。"

……

构建人类命运共同体，这是增进福祉的全球共识——

放眼全球，当今世界正在经历新一轮大发展大变革大调整，人类面临的不稳定不确定因素依然很多。

"习近平主席的主旨演讲，让参会代表有了清楚的认识：世界好，亚洲才能好；亚洲好，世界才能好。"论坛成立以来一次年会都没落下的博鳌亚洲论坛原秘书长龙永图，见证了整个博鳌亚洲论坛的发展历程。

"亚洲各国越来越成为你中有我、我中有你的命运共同体。面对世界经济的复杂形势和全球性问题，任何国家都不可能独善其身。"日本前首相福田康夫高度赞同"人类命运共同体"理念。

构建人类命运共同体，这是和衷共济的天下情怀——

西方向中国学习什么？在论坛年会上，《中国大趋势》作者、美国未来学家约翰·奈斯比特提出了这样的问题。

在他看来，中国擅长背景思维、长远思考，其优惠政策与基础设施的不断完善吸引着越来越多世界 500 强企业入驻，西方人应以开放的视角看待和吸收中国优秀的文化。

当亚洲乃至世界经济出现危机时，体量巨大的中国经济不仅充当了稳定的“金锚”，还为亚洲和世界经济健康发展提供了路径借鉴，这是中国特色社会主义道路对世界的贡献。

“中国正处于经济转型期，积极稳妥的转型不仅有利于中国自身迈向长期高质量发展，也为其他发展中国家带来了一系列利好。”印度工商联合会秘书长桑贾亚·巴鲁说。

潘基文明确表示，他作为博鳌亚洲论坛理事会的新任理事长，已做好了紧密合作的准备，不仅能够去促进在亚洲的经济整合、社会融合，也期望能够立足亚洲，立足于全球人民的繁荣发展。

构建人类命运共同体，这是开创未来的必然愿景——

当今世界，和平合作的潮流滚滚向前、开放融通的潮流滚滚向前、变革创新的潮流滚滚向前，世界各国休戚与共、命运相连。

查阅历届博鳌亚洲论坛年会主题，“亚洲”“共赢”“世界”“开放”频繁出现；中国领导人历次主旨演讲中，“建设”“亚洲”“开放”“合作”“经济”“共赢”，更是不可少的高频关键词。

立足亚洲，面向世界。中国表示将继续坚定不移推进改革开放，奥地利总统表示开放创新将是全面、可持续、包容、联通的，菲律宾总统称共享繁荣的梦想完全可以实现，国际货币基金组织负责人称将维护自由贸易和多边体系……走过 17 年的博鳌亚洲论坛再次奉献给世界一份凝聚与会国际嘉宾智慧的“博鳌方案”。

“通过孤立主义、保护主义，我们无法实现公平的全球化。”古特雷斯表示，全球化是不可逆转的，博鳌亚洲论坛已成为实现全人类幸福尊严、实现人类命运共同体的重要平台。

实践昭示未来。

把握历史规律，认清世界大势，在经济全球化深入发展的形势下，携手构建人类命运共同体是世界各国应对挑战、实现发展的必然选择。

博鳌亚洲论坛会场外，“‘一带一路’之歌”的雕塑上，清晰印刻着一个时间——2015。

2013 年秋，习近平主席提出“一带一路”倡议，在全球铺展开合作共赢的恢宏画卷。3 年前，正是在博鳌亚洲论坛 2015 年年会期间，中国发布“一带一路”愿景与行动的蓝图。

“共建‘一带一路’倡议源于中国，但机会和成果属于世界，中国不打地缘博弈小算盘，不搞封闭排他小圈子，不做凌驾于人的强买强卖。”习近平在此次年会上如此表示。

敞开胸襟，方能合作共赢，昭示世界经济新前景；

同舟共济，方能行动一致，汇聚勇毅前行的动力。

“万泉河水清又清……”这优美的旋律，连日来持续回荡在博鳌国际会议中心。不远处，万泉河清澈浩荡的春水，奔腾不息、一往无前，流入南海、汇入壮阔无比的太平洋……

汇聚梦想与力量　打造亚洲命运共同体

海阔帆舞，天高风暖。5 年前，习近平主席在博鳌呼吁亚洲国家树立命运共同体意识，推动亚洲和世界发展不断迈上新台阶。3 年前，习近平主席在博鳌详细阐述亚洲命运共同体理念，描绘亚洲新未来蓝图。

博鳌亚洲论坛 2018 年年会即将开幕。顺应亚洲发展大势，汇聚亚洲发展力量。中国与亚洲各国共奏命运交响曲，命运共同体逐渐成为“亚洲共识”。

共享理念

同饮一江水，命运紧相连。绵延万里的澜沧江—湄公河见证了中国与泰国、柬埔寨、缅甸、老挝、越南发起和建立新型次区域合作平台、共建命运共同体的美好图景。

短短两年间，澜湄合作机制成为亚洲命运共同体的先行版。“领导人引领、全方位覆盖、各部门参与”的澜湄格局，“天天有进展、月月有成果、年年上台阶”的澜湄速度，“平等相待、真诚互助、亲如一家”的澜湄文化，都体现了 6 国深化利益融合、实现共同发展的信念与追求，也彰显中国作为区域合作引领者、地区和平发展守望者的大国担当。

中国践行亲诚惠容的周边外交理念，坚持与邻为善、以邻为伴，与周边国家深化友好合作，积极参与亚洲地区的多边合作机制，推动区域合作百花齐放、形成合力，为亚洲命运共同体建设奠定基础。

中国－东盟命运共同体、中巴命运共同体、中哈命运共同体、中老命运共同体……命运共同体理念在亚洲落地生根，不同层次的命运共同体交相辉映。

印尼智库亚洲创新研究中心主席班邦·苏尔约诺认为，中国提出亚洲命运共同体，为亚洲地区的共同发展、和平共处、互利共赢提供了思想保障与理论基础。亚洲命运共同体根植于中国的“和”文化，符合亚洲国家的传统文化价值观，深受亚洲国家的认同与支持，亚洲国家对命运共同体理念的接受度越来越高。

作为世界经济的主要牵动力，亚洲也面临增长动能与融合动力不足等挑战。而进入新时代的中国将继续为亚洲和世界提供增长动力，不断深化同周边国家互利合作，深入推动构建人类命运共同体。

正如巴基斯坦真纳大学政治与国际关系学院教授萨勒曼·阿里·贝塔尼所言，构建命运共同体，有助于增进亚洲国家间的信任，有助于加强相互合作和人文交流。

共筑梦想

跨越万水千山，共筑梦想空间。中巴经济走廊、中老铁路、中泰铁路、安格连－帕普铁路隧道、越南龙江工业园、老挝赛色塔工业开发区、柬埔寨西哈努克港经济特区、斯里兰卡汉班托塔港……中国与亚洲国家共商共建共享“一带一路”，以实际行动构建亚洲命运共同体。

亚洲是“一带一路”的首倡地区。5 年前，中方分别在哈萨克斯坦和印度尼西亚首倡“丝绸之路经济带”和“21 世纪海上丝绸之路”，受到亚洲国家热烈响应。2016 年 1 月，亚洲基础设施投资银行正式运营，迄今已向多个亚洲国家的发展项目提供资金支持，其中包括巴基斯坦的高速公路项目、印度班加罗尔地铁项目、缅甸的能源项目、印度尼西亚的贫民窟改造项目、阿曼的光纤宽带网络建设等。

“一带一路”在亚洲地区的建设，改变了不少国家的基础设施面貌，打造出海陆联通版图，拉动了当地的投资和产业发展。

马来西亚太平洋研究中心首席顾问胡逸山认为，亚洲命运共同体以推动经贸和经济发展为主线。亚洲还有很多国家和地区基础设施很落后，“一带一路”、亚投行可以帮助地区改善基础设施，拉动地区经济发展。

涓涓细流汇成大海，点点星光照亮银河。“一带一路”汇聚亚洲各国民众梦想，对接各国发展战略。

柬埔寨首相洪森说，“一带一路”倡议很好地契合了柬埔寨国家发展规划。孟加拉国总理哈西娜表示，孟加拉国愿在实现“金色孟加拉”梦想过程中加强同中方合作。

苏尔约诺认为，“一带一路”建设有利于整合亚洲国家的资源，发挥各国的比较优势，实现亚洲的共同发展和繁荣。“一带一路”建设重视民心相通，这也有利于亚洲国家增进互信和了解，减少民族、宗教和文化冲突，为亚洲命运共同体建设打下基础。

共绘蓝图

唇齿相依，休戚与共。构建亚洲命运共同体，共同的安全必不可少。当前，亚洲面对传统和非传统、内部和外部安全挑战，地区热点此起彼伏，域外国家插手地区安全事务，围绕地缘政治的大国博弈加剧。亚洲国家追求和平与发展的共同意愿呼唤新的亚洲安全观。

在2014年的亚信上海峰会上，习近平主席提出“共同、综合、合作、可持续”的亚洲安全观。在2016年亚信第五次外长会议开幕式上的讲话中，习近平主席提出推动构建具有亚洲特色的安全治理模式。

苏尔约诺认为，西方安全观追求绝对安全，将自己安全置于别人的安全之上；而中国提出的亚洲安全观追求的是共同安全，只有大家都感觉安全，才是真正的安全。

菲律宾《旗帜报》专栏作家罗德·卡普南认为，中国奉行“共赢”，致力于同世界其他国家分享其改革发展带来的红利。中方也是这么做的，包括推动构建亚洲命运共同体、发起“一带一路”倡议等。

构建普遍安全的亚洲安全体系需要增进国家之间的互信，而增进互信则离不开亚洲大家庭内部的人文交流与文明互鉴。

习近平主席在博鳌亚洲论坛2015年年会上倡议召开亚洲文明对话大会，加强青少年、民间团体、地方、媒体等各界交流，打造智库交流合作网络，让亚洲人民享受更富内涵的精神生活，让地区发展合作更加活力四射。博鳌亚洲论坛2016年年会举行“亚洲文明对话会”。围绕“多彩文明与亚洲新活力”主题，中国、巴基斯坦、伊朗、新加坡和联合国教科文组织的代表展开对话。

中国好，亚洲才能好；亚洲好，中国才能更好。中国与亚洲国家已经携手踏上建设命运共同体的征程，共绘新亚洲的美好画卷。

◎延伸阅读◎

新时代中国特色大国外交的世界期盼

光阴荏苒，岁序更新。

2018 年，是贯彻落实十九大精神开局之年。党的十九大，明确中国特色大国外交要推动构建新型国际关系，推动构建人类命运共同体。

“十九大为中国外交设立了清晰目标，可以说，构建新型国际关系和构建人类命运共同体是世界对中国外交的最大期待。”阿根廷国际问题专家古斯塔沃·吉拉多说。

新的一年，世界期待着中国特色大国外交呈现新气象，展示新作为，体现新担当。

维护稳定与和平，世界期待中国力量

国际社会对中国多有期盼。

——周边国家期待同中国的关系进一步深化。

新的一年，中国—东盟建立战略伙伴关系将迎来 15 周年。双方将通过制定“中国—东盟战略伙伴关系 2030 年愿景”，深化互利合作。

“我认为，中共将带领中国继续发挥推动世界发展、特别是东盟地区发展的引擎作用。”泰国民主党主席、前总理阿披实说。

新的一年，博鳌亚洲论坛和上合组织峰会将在中国举行。

国际人士认为，两大中国主场外交，是周边国家进一步加强同中国

关系的好契机，有利于增进地区共识，增添区域合作的发展动力。

——发展中国家期待同中国的关系更上一层楼。

新的一年，中国将主办新一届中非合作论坛。论坛可望推出新举措，打造新亮点，非洲伙伴对新时代中非合作充满期待。

“我们愿意利用好‘一带一路’带来的重要机遇，和中国一起实现这个伟大愿景。”坦桑尼亚妇女发展基金会主席萨尔玛·基奎特说。

唇齿相依，发展阶段相似，中国与周边和发展中国家更应携手合作，在国际事务中做出积极贡献，新加坡南洋理工大学资深研究员胡逸山说。

——美中关系虽有挑战，合作动力依然强劲；俄中关系基础稳固，后劲充足。

新的一年，美国将举行中期选举，普京将再次参选总统，世界密切关注中国同美俄等大国关系走向。

毋庸置疑，中国将继续加强大国关系的协调合作，构建总体稳定、均衡发展的大国关系框架，维护全球和平和稳定，促进世界和谐发展。

哈佛大学肯尼迪政府学院教授约瑟夫·奈表示，期待美中合作带来的“双赢”结果惠及全世界。

俄国际事务委员会主席、前外长伊万诺夫也期待着，新时代中国外交将为俄中战略合作、深化俄中伙伴关系创造更多新机遇。

——世界期待中国为解决全球热点问题发挥更大作用。

当前，朝核问题、巴以问题、叙利亚冲突等国际热点依然突出。中国正展现大国担当，和国际社会一道积极探索解决之道。

美国前助理国务卿丹尼尔·拉塞尔认为，十九大之后国际社会对中国在国际事务中发挥更大作用抱有“更高期待”。

促进发展与繁荣，世界期待中国动力

当前，世界经济呈现回暖态势，但复苏基础依然脆弱。如何维持可持续复苏，许多国家将期待的目光投向了世界第二大经济体和全球经济第一大驱动力中国。

2017年12月18日至20日，十九大之后首个中央经济工作会议召开，中国向世界发出了“推动高质量发展”的积极信号。

“意义重大”“影响深远”，这是国际舆论对中国经济转型发展的普遍评价。

“中国经济将继续从产业转型、结构优化中获得动力。”耶鲁大学高级研究员史蒂芬·罗奇表示，他对中国经济未来发展充满信心。

中国引擎驱动世界经济增长，“动力传输网络”正在加速构建。

自去年“一带一路”国际合作高峰论坛在北京成功举办以来，这一全球最受欢迎的公共产品将在2018年迎来全面推进建设的一年——

论坛270项成果将陆续落地开花，骨干通道、关键节点大项目将依次推进，“一带一路”建设将实现动力转换、体制升级，政策沟通、设施联通、贸易畅通、资金融通、民心相通的“五通”工程将初见规模。

2017年12月21日，中泰高铁项目破土动工。按规划，曼谷将实现同昆明的高速互联，泰国将接驳“中国市场服务器”。

从中巴经济走廊到中老、中缅经济走廊，从比雷埃夫斯港到皎漂港，从亚洲的中老、中泰铁路到非洲、欧洲乃至拉美的铁路项目，“一带一路”倡议正在由愿景变为现实，对全球发展产生巨大的辐射和带动效应。

2018年1月，中拉论坛将在智利举行。

“拉美是21世纪海上丝绸之路的自然延伸，拉美国家希望搭上中国发展的快车。”这是阿根廷国际问题专家保拉·德西蒙作为拉美人的期待。

2018 年，中国将隆重纪念改革开放 40 周年。

中国改革开放范围将进一步扩大，领域进一步拓宽，层次进一步加深，布局更加优化。

“很高兴看到中国政府如此大幅度的开放和市场化发展，这是各方期待的积极方向。”英国伦敦金融城政府政策与资源委员会主席孟珂琳说。

从最初打开国门融入世界经济体系，到如今通过“一带一路”为全球打造共享发展平台，中国伟大实践所验证的道理传向全球——改革开放带来历史性进步。

2018 年 11 月，中国将举办国际进口博览会，这将是全球首个以进口为主题的大型博览会。俄罗斯进出口集团业务发展部中国司司长谢尔盖·列别杰夫充满期待，表示将“利用好这个扩大与中国合作的好机会”。

建设共同的家园，世界期待中国智慧

2018 年新年前夕，近 20 批宣介团让十九大精神所蕴含的丰富理念在大约 40 个国家得到精准传递与广泛交流。

“非常解渴”“特别及时”“充满智慧”“开启思路”等评价，成为听众交流感悟的高频词。

“中国成就对于大多数国家而言是不敢想象的，我们迫切地期待学习中国经验。”马拉维司法部官员特休斯·玛索法比说。

俄罗斯统一俄罗斯党总委员会副书记谢尔盖·热列兹尼亚克表示，俄罗斯正在认真研究中国经验，中国处理国际关系的方式“充满智慧和建设性”。

从共享“发展红利”，到分享“思想红利”，中国智慧提供了可借鉴的发展和治理路径。

“绿水青山，就是金山银山”，如今成了老挝自然资源与环境部的座右铭。

老挝自然资源与环境部长宋玛希望今后加强同中国的思想交流，从中国这个“世界智囊”得到更多治国理政的启示。

面对恐怖主义、难民问题、网络安全、气候变化等一系列全球挑战，世界同样期待东方智慧提供一份解决方案。十九大报告明确提出“共商共建共享的全球治理观”，积极参与全球治理体系变革，不断贡献中国智慧和力量。

把世界脉搏、诊世界痼疾、赠世界良方、促世界发展。

新的一年，中国特色大国外交所承载的中国力量、中国动力和中国智慧值得期待。

书写中国同世界交融发展新篇章

立鳌头，观滂滂大潮。临沧海，看巍巍东方。

国家主席习近平在博鳌亚洲论坛2018年年会开幕式上发表重要演讲，宣示中国与世界携手同行、共同发展的坚定决心，尽显中国敞开大门、开放融通的广阔襟怀。新时代中国特色大国外交的崭新画卷，正在世界面前不断铺展开来。

勇立潮头，心系世界，引领方向。习近平主席的博鳌演讲，世界在倾听，元首外交的“博鳌时间”，世界在关注——品读中国特色大国外交的深邃和宏远，感受当代中国与世界共谋发展的诚意和担当。

——在奔涌不息的时代洪流中，中国将更加坚定地高擎和平发展、合作共赢的鲜明旗帜。

大航海时代以降，人类从未像今天这样紧密相连，又从未像今天这样面临如此纷繁复杂的挑战。从地区冲突、贫富鸿沟、保护主义等现实难题，到网络安全、气候变化、重大传染性疾病等非传统威胁，面对大发展大变革大调整，世界何去何从？前途指向何方？

这是时代之问、世界之思。

“和平与发展是世界各国人民的共同心声，冷战思维、零和博弈愈发陈旧落伍，妄自尊大或独善其身只能四处碰壁。”习近平主席发出呼吁：只有坚持和平发展、携手合作，才能真正实现共赢、多赢。

40年前，“中国号”巨轮驶向改革开放的辽阔海域。风云变幻中，坚持和平发展、倡导合作共赢始终是这艘巨轮的航行准则。“一带一路”向世界延展，日益成为顺应经济全球化潮流的最广泛国际合作平台；澜沧江－湄公河合作蒸蒸日上；中国首倡建立的亚投行稳健运营；中国与中东欧合作渐入佳境；上海合作组织、金砖国家合作机制、中非合作论坛、中国－拉共体论坛成为面向不同地区、不同领域的坚强合作纽带。

前来参加论坛的联合国秘书长古特雷斯说，当今世界许多和平与发展问题，需要通过全球合作来解决，相信中国未来数十年会在国际事务中发挥更大影响力。菲律宾总统杜特尔特说，打造更加繁荣的亚洲和世界既是我们的共同利益，也是我们的共同责任，各国应当加强合作实现共同繁荣的梦想。

——在开放与封闭的战略抉择中，中国将更加坚定地架设互联互通、开放融通的宽广桥梁。

不拒众流，方为江海。中国改革开放40年的伟大实践表明，中国经济发展是在开放条件下取得的，未来中国经济实现高质量发展也必须在更加开放条件下进行。

“中国开放的大门不会关闭，只会越开越大！”习近平主席的铿锵宣示，向世界发出明确信号：保护主义思维、以邻为壑做法、单边主义行动都不是中国选项，中国将顺应开放融通的时代潮流，按照自身发展节奏扩大开放，坚定维护多边贸易，推动贸易和投资自由化便利化，始终做世界和平的建设者、全球发展的贡献者、国际秩序的维护者。100多年来，中国走过了从封闭、半封闭到全方位开放、全面融入世界的艰辛历程，能更深刻地理解开放发展、融通共进所迸发的澎湃动力，能更主动地在对外开放的理念、架构、机制建设上不断升级。

上善若水，海纳百川。中国秉持互利共赢的开放战略，提出“一带一路”等开放倡议，不打地缘博弈小算盘，不搞封闭排他小圈子，不做凌驾于人的强买强卖，而是建设各国共享的百花园，打造联动发展的大平台，筑就开放融通的主渠道。

法国前总理拉法兰说，习近平主席的演讲针对当前国际经贸形势作出了回答，各国必须合作应对保护主义。“开放！开放！开放！这才是面向未来的最佳做法。”

——在纷繁复杂的国际变局中，中国将更加坚定地推动构建人类命运共同体的美好愿景。

建设什么样的世界，怎样建设世界，这是千百年来人们思索探求的永恒命题。

“我希望，各国人民同心协力、携手前行，努力构建人类命运共同体，共创和平、安宁、繁荣、开放、美丽的亚洲和世界。”“相互尊重、平等相待”“对话协商、共担责任”“同舟共济、合作共赢”“兼容并蓄、和而不同”“敬畏自然、珍爱地球”。面向未来，习近平主席进一步明确推动构建新型国际关系、构建人类命运共同体的前进路径。这是为人类做出更大贡献的历史自觉，彰显和而不同、天下为公的文明底蕴。

推动建设新型国际关系、推动构建人类命运共同体，既是对中国和平发展的传承与创新，也承载着中国对建设美好世界的理想和追求。它超越了国别、党派和制度的异同，顺应谋发展、求合作的时代潮流，汇聚起各国都认同的最大公约数，蕴含着人类都接受的共同价值，获得越来越多国家的支持和响应。

“建立一个没有纷争、所有国家都获得发展、所有人都幸福生活的世界，是人类的共同理想。”刚刚卸任博鳌亚洲论坛理事长的日本前首相福田康夫说，“将理想变为现实，需要政治家高瞻远瞩，并尽最大努力付诸行动。中国倡议构建人类命运共同体，正是基于这样的思路，并且中国具有实践的能力”。

欧洲议会欧中友好小组秘书长盖琳说，人类的未来，必将是世界各民族因共同命运而聚集到一起并建立一个相互合作的世界。构建人类命运共同体无疑是维护世界和平稳定发展的“最佳选择”。

时代潮涌，中国向前。习近平主席曾说过，亚洲和世界和平发展、合作共赢的事业没有终点，只有一个接一个的新起点。进入新时代的中国，将与世界同行，为人类担当，坚持开放共赢，勇于变革创新，与各国携手，向着构建人类命运共同体的目标勇毅笃行，开创亚洲和世界的美好未来！

下篇

博鳌智慧

5. 博鳌智慧

——奋进新时代

从博鳌亚洲论坛感受中国改革开放

太平洋西岸，南海之滨，博鳌亚洲论坛 2018 年年会盛大启幕。习近平主席将出席开幕式并发表重要主旨演讲。

世界瞩目"博鳌时间"。从传统渔业小镇到知名外交小镇，博鳌的变迁从一个侧面反映了中国改革开放 40 年的历史性跨越。

处在新的历史方位的中国如何推动对外开放再扩大、全面深化改革再出发，为亚洲乃至世界发展贡献更大的引领力量，全球期待中国声音。

春潮涌动，千帆竞技。乘着新时代的浩荡东风，以习近平新时代中国特色社会主义思想为指引，激荡百年的民族复兴梦想必将在改革开放新进程中得以实现，让繁荣发展的世界更加美好。

从"赶上时代"到"引领时代"：40 年改革开放在世界舞台上书写中国奇迹

1978 年 12 月安徽凤阳县小岗生产队 18 户农民按下的 18 枚鲜红手印、

1988年4月26日中共海南省委员会和海南省人民政府正式挂牌的历史一刻、2001年11月11日中国加入世界贸易组织签字仪式现场……

博鳌亚洲论坛会议中心长廊两侧，主题为“新时代 新征程”的纪念中国改革开放40周年成就视觉展吸引中外嘉宾纷纷驻足。

30多米的长廊如一条时光隧道，一张张照片、一段段视频，将中国改革开放中难忘的历史瞬间定格在世界面前。

“改革开放40年来，我们以敢闯敢干的勇气和自我革新的担当，闯出了一条新路、好路，实现了从‘赶上时代’到‘引领时代’的伟大跨越。”习近平今年初在春节团拜会上的讲话，令人热血沸腾。

40年风雨征程，改革开放创造了令世界赞叹的“中国奇迹”——

一分钟，26人走上工作岗位；一分钟，快递小哥收发7.6万件快递；一分钟，333万元投入研究和试验；一分钟，“复兴号”前进5833米……

每一分钟里展现的“中国速度”，折射40年来神州大地的历史性变迁。

从1978年到2017年，中国平均每年经济增长速度达9.5%，经济总量占世界的份额从1.8%增至15%左右。即便近五年增速放缓，经济依然年均增长7.1%，对世界经济增长贡献率超过30%。

“在人类经济史上，还不曾有任何国家或地区有这么高速的经济增长，而且维持如此长的时间。”出席论坛的北京大学新结构经济学研究中心主任林毅夫说，40年前中国大陆人均GDP只有155美元，排名全球倒数第三；40年后这个数字超过8800美元，跻身中等偏上收入行列。

40年春风化雨，改革开放成为强国富民的不竭源泉——

改革开放以来，中国脱贫减贫成就举世瞩目。联合国《2015年千年发展目标报告》显示，中国对全球减贫的贡献率超过70%。

党的十八大以来，以习近平同志为核心的党中央坚持以人民为中心的发展思想，人民群众的获得感、幸福感、安全感不断增强。

农村贫困人口累计减少6853万人，城镇新增就业每年超过1300万人，全国居民人均可支配收入年均实际增长7%以上，覆盖城乡居民的社会保障体系基本建成……

20世纪80年代就曾到过中国的联合国秘书长古特雷斯表示，中国改革开放40年，实现了举世无双的经济增长和减贫，对全球经济发展也作出了非常重要的贡献，值得世界各国学习借鉴。

40年昂首阔步，改革开放重塑中国在世界舞台的角色——

来自各国的2000多位各界嘉宾汇聚一堂，聚光灯下的博鳌亚洲论坛2018年年会，凸显中国非同一般的国际影响力。

今天的中国，正前所未有地走近世界舞台中央。

29次出访，足迹遍及五大洲57个国家以及主要国际和区域组织；在国内会晤外国元首、政府首脑约300人次……党的十八大以来，习近平主席频密的外交日程，标注了中国与世界关系的崭新坐标。

倡导创立亚洲基础设施投资银行和金砖国家新开发银行，人民币纳入国际货币基金组织特别提款权货币篮子，联合国大会首次在决议中写入中国的“一带一路”倡议……中国主张，为改革和优化全球治理注入强大动力。

习近平主席提出的构建人类命运共同体理念，引发国际社会广泛关注并被写入联合国大会决议等诸多国际组织文件中，显示出这一理念强大的国际影响力、感召力、塑造力。

“我们要把握世界大势，跟上时代潮流，共同营造对亚洲、对世界都更为有利的地区秩序，通过迈向亚洲命运共同体，推动建设人类命运共同体。”

3 年前习近平在博鳌亚洲论坛上发出的铿锵之声，正在全球产生日益广泛的回响。

“逢山开路，遇水架桥”：将改革开放进行到底，为实现高质量发展积蓄澎湃动力，为世界作出新贡献

4 月的海南三亚南田农场，丰收的气息在漫山遍野的芒果园中流淌。

26 年来，靠砍胶种果和旅游脱贫，空前力度的自我革命推动南田农场实现从海南最差到最富农场的大跨越。

“改革永远在路上。”63 岁的南田农场负责人彭隆荣说，改革新起点上的南田，正向着“率先基本实现农业现代化、率先全面建成小康社会”的新目标奋进。

“改革开放是发展海南的关键一招。”出席论坛的中国（海南）改革发展研究院院长迟福林说，同样，新的历史起点上，全面深化改革也是关系中国高质量发展的关键抉择。

时间的脚步永不停息。

今天的中国，正置身“两个一百年”奋斗目标的历史交汇期。党的十九大报告作出重大判断，我国经济已由高速增长阶段转向高质量发展阶段。

爬坡过坎，时不我待。

“改革开放是当代中国发展进步的必由之路，是实现中国梦的必由之路。”“逢山开路，遇水架桥，将改革进行到底。”习近平在 2018 年新年贺词中的话，吹响新时代改革开放再出发的进军号。

今天的中国，仍处于大有可为的重要战略机遇期。唯有将改革开放进行到底，才能推动高质量发展成为现实。中国进一步推进改革开放会为世界各国提供新的发展机遇——

察势者智，驭势者赢。

中国发展经过量的积累进入质的提升阶段，正开启“海阔凭鱼跃”的宽广空间；同时，全球的目光正在东移，中国风景成为越来越多国家的憧憬。

“深处全球改革浪潮中，谁能趁势把握改革先机，就能在激烈的全球竞争中立于不败之地。”美国约翰霍普金斯大学东亚研究中心主任肯特·凯尔德在论坛上说。

大有可为的机遇期，造福中国也造福世界。

论坛年会围绕“全球化与‘一带一路’”“开放的亚洲”“创新”“改革再出发”四大板块，安排了60多场正式讨论，议题设置透露诸多“中国机遇”。

与会嘉宾一个明显的共识是，“一带一路”倡议如大鹏展开的双翼，不仅深化了中国的对外开放，也带动各国比翼齐飞。

“荷兰企业对与中国做生意态度积极。荷兰已为欢迎更多中国企业做好准备。”率领165家荷兰企业和智库机构来华的荷兰首相马克·吕特告诉记者，上个月一趟直达货运列车从荷兰阿姆斯特丹出发奔赴中国义乌，成为“荷中关系加强的又一象征”。

今天的中国，仍面临转型关键期的诸多挑战。唯有将改革开放进行到底，才能变压力为动力，化挑战为机遇——

放眼世界，不稳定性不确定性仍然突出，“黑天鹅”“灰犀牛”不时冒头；环顾国内，发展不平衡不充分的一些突出问题尚未解决，决胜全面建成小康社会三大攻坚战任务艰巨……

“防范化解金融风险，事关国家安全、发展全局、人民财产安全，是实现高质量发展必须跨越的重大关口。”4月2日召开的中央财经委员会首次会议上，习近平强调。

“只有坚定不移将改革推向深入，真正用好改革开放这关键一招，才能破解深层次的利益矛盾，破除积存多年的顽症痼疾，中华民族伟大复兴必将在改革开放的进程中得以实现。”迟福林说。

不驰于空想、不骛于虚声：奋力书写新时代改革开放新篇章

逐梦未来，靠什么劈波斩浪、奋楫扬帆？

“要弘扬改革创新精神，推动思想再解放改革再深入工作再抓实，凝聚起全面深化改革的强大力量，在新起点上实现新突破。”2018年1月中央全面深化改革领导小组第二次会议上，习近平的话掷地有声。

乡村振兴战略布局实施，三大攻坚战打响，党和国家机构改革启动，供给侧结构性改革纵深推进……贯彻落实党的十九大精神，新时代的改革开放阔步前行，为蓝图变为现实凝聚起不竭的动力。

新起点上实现改革开放新突破，要以“奋斗者”的姿态，脚踏实地、苦干实干——

2018年4月6日，博鳌镇南强村举行“艺术+”美丽乡村落成仪式。

这个有着300年历史的华侨之乡，经过改造升级，一改昔日的破落面貌，实现华丽转身，村民共享建设成果，在家门口吃上“旅游饭”。

“半年时间村庄面貌大变样，靠的是镇村干部群众的苦干、实干。”博鳌镇党委书记冯琼说。

更加注重改革的系统性、整体性、协同性，着力补齐重大制度短板，着力抓好改革任务落实……新起点上中国改革开放更精准发力，把为人民造福的事情办好办实。

新起点上实现改革开放新突破，要始终坚持新发展理念，攻坚克难、闯关夺隘——

国企国资、垄断行业、产权保护、财税金融、乡村振兴、社会保障……一系列关键领域改革向深水推进，新起点上中国用实际行动昭示更坚定的改革开放决心。

“久久为功发展热带特色高效农业、旅游业、互联网产业、医疗健康产业、金融服务业、海洋产业等十二个产业；坚持房子是用来住的、不是用来炒的定位，决不让海南变成房地产加工厂……”论坛上，海南省省长沈晓明的发言彰显出而立之年海南特区改革开放再出发的有力行动。

新起点上实现改革开放新突破，必须敞开胸怀，以更开放的姿态融入世界发展潮流——

5 年前，习近平在博鳌发出“中国将坚定支持亚洲地区对其他地区的开放合作”的有力声音，给世界吃下了一颗定心丸；

3 年前，同样在博鳌，习近平向世界重申中国对外开放的坚定决心——只有合作共赢才能办大事、办好事、办长久之事。要摒弃零和游戏、你输我赢的旧思维，树立双赢、共赢的新理念。

国务委员兼外交部部长王毅介绍，在博鳌亚洲论坛 2018 年年会上，习近平主席将就进一步推动构建亚洲和人类命运共同体、开创亚洲和世界美好未来，鲜明发出中国声音，阐明中国立场。

“历史已经证明，本国优先和贸易保护主义，最终指向一定是倒退而非发展。”出席论坛的韩国贸易协会会长金荣柱说，亚洲发展奇迹的创造离不开开放和创新，中国通过坚持开放和创新铸造发展奇迹，中国的成功正不断为世界提供全新发展借鉴。

时代潮流，浩浩荡荡，唯有弄潮儿能永立潮头。

南海之滨，潮平海阔。博鳌亚洲论坛永久会址东屿岛，像一只游向大海的巨鳌，向太平洋张开双臂。中国潮与世界潮交融激荡，共同谱写人类发展的美好未来。

从博鳌，世界收获信心

国家主席习近平出席博鳌亚洲论坛 2018 年年会开幕式并发表主旨演讲，向世界发出中国坚定不移深入推进改革开放、坚定维护国际多边体系、推动亚洲和世界各国合作共赢的时代强音。

在当今世界依然面临诸多不稳定不确定因素的情况下，国际社会再次从中国宣示中受到鼓舞，从中国担当中收获信心。

中国巨大的发展成就给世界带来信心。改革开放 40 年来，中国成为世界第二大经济体、第一大工业国、第一大货物贸易国、第一大外汇储备国……中国取得的历史性成就让世界惊叹。在对外开放中，中国始终致力于与世界各国合作共赢，成为世界经济增长的主要稳定器和动力源。巴基斯坦总理阿巴西点赞改革开放 40 年来中国的快速发展，认为这“改变着世界经济的面貌”。

展望未来，中国前行步伐更加稳健有力，将持续带给世界广泛深入的正面外溢效应。蒙古国总理呼日勒苏赫说，相信随着经济社会进一步可持续发展，中国将为世界作出更多贡献。

中国不断推进改革开放给世界带来信心。瞩望未来，中国开放的大门不会关闭，只会越开越大。大幅度放宽市场准入、创造更有吸引力的投资环境、加强知识产权保护、主动扩大进口等一系列扩大开放的重大举措，令国际社会充满期待。澳大利亚前贸易部长克雷格·埃默森认为，中国采取扩大进口举措令世界“备受鼓舞”。美国《华尔街日报》评论说，中国承诺在金融业和制造业领域放宽市场准入，表明中国致力于捍卫自由贸易体系。

作为连续多年对世界经济增长贡献率超过 30% 的大国，中国进一步扩大开放对于世界无疑意味着巨大利好。法国前总理拉法兰表示，相信中国的开放力度会越来越大，这对法国企业来说是非常好的合作机遇。

中国追求全球福祉的信念与行动给世界带来信心。维护多边主义，推动全球治理更加完善，推动构建人类命运共同体，深入推进“一带一路”建设，中国作为“世界和平的建设者、全球发展的贡献者、国际秩序的维护者”的大国形象在国际上日益深入人心。

倡导和平合作、开放融通、变革创新，从博鳌发出的中国宣示激起强烈回响。国际货币基金组织总裁拉加德呼吁，各国对中国领导人倡导的理念和提出的开放措施“应以同等务实的态度”予以回应。

中国坚定维护多边合作，坚决反对贸易保护主义和单边主义，成为多边体系中“稳定的灯塔”。联合国秘书长古特雷斯称赞中国已成为多边主义的“最重要支柱”和促进世界和平与发展“不可或缺、值得信赖的重要力量”。

改革开放 40 年，自信中国继续前行。在“为人民谋幸福、为民族谋复兴”的同时，中国“为世界谋大同”的情怀始终不渝，行动务实有力，日益成为世界的信心之源。

来自博鳌亚洲论坛的中国经济观察

潮起海之南，风动万泉河。4月，小镇博鳌迎来一年一度的盛会，2000多位各界嘉宾围绕“开放创新的亚洲，繁荣发展的世界”，激荡思想、畅议未来。

进入新时代的中国经济发展，是本届博鳌亚洲论坛的一大焦点。中国经济怎么看？高质量发展怎么干？记者走进“博鳌时间”带来现场观察。

居安思危　引领中国经济巨轮行稳致远

一季度全国一般公共预算收入同比增长13.6%、税收收入增长17.3%、制造业PMI指数连续20个月位于50%以上的景气区间……最新出炉的多项经济数据，印证中国经济延续稳中有进、稳中向好、结构优化的良好发展态势。

改革开放40年来，按照可比价格计算，中国国内生产总值年均增长约9.5%，现行联合国标准下的7亿多贫困人口成功脱贫，占同期全球减贫人口总数70%以上。

“中国连续多年对世界经济增长贡献率超过30%，毫无疑问是世界经济增长的主要稳定器和动力源。”美国约翰霍普金斯大学东亚研究中心主任肯特·凯尔德说，令人印象更为深刻的，是中国善于居安思危、勇于自我革命。

这位长期关注中国发展的美国学者注意到，就在本月初，中央财经委员会第一次会议提出，防范化解金融风险，事关国家安全、发展全局、人民财产安全，是实现高质量发展必须跨越的重大关口。

本届年会专门设置了“新兴经济体：资本外流与债务风险”分论坛。国家金融与发展实验室理事长李扬在分论坛上表示，当前中国债务风险总体可控，政府对风险保持“高度警惕”，已在去杠杆，尤其是国有企业去杠杆和处置“僵尸企业”等方面作了系列部署。

“中国正处于经济转型期，积极稳妥的转型不仅有利于中国自身迈向长期高质量发展，也为其他发展中国家带来了一系列利好。”印度工商联合会秘书长桑贾亚·巴鲁说。

第一动力　跑出中国创新“加速度”

9日上午，博鳌国际会议中心，“未来的生产”分论坛座无虚席。

吸引现场听众的，不只是嘉宾精彩演讲，还有会场两侧的电子屏幕。由腾讯公司推出的人工智能（AI）同声传译解决方案“腾讯同传”，把嘉宾演讲内容以中英双语形式实时投屏展示。听众现场观看之余，还能利用微信小程序回放会议记录。

这是博鳌亚洲论坛首次尝试使用AI同传技术，而中国企业为论坛增添的惊喜，远不止如此。

“复兴号高铁就是中国铁路创新的典型代表，实现了全程的自我管理、全生命周期的管理以及整个运营过程的远程控制。”中国中车集团有限公司董事长刘化龙透露，2020年左右，中车集团将推出一款可变轨距的时速400公里高铁，可以在米轨、准轨等不同轨距之间实现快速切换。

“未来的生产”“未来的交通”“未来的通信”“新一代技术革命”……本届博鳌亚洲论坛年会，场内场外尽是满满的科技感。

“中国在拥抱新科技方面步伐很快，很多行业将有望迎来新一轮政策利好，产生一系列增长机会。”长江商学院院长项兵说。

美美与共　构建新时代全面开放新格局

今年是改革开放 40 周年。从今年论坛年会传递出的信息看，未来中国经济实现高质量发展也必须在更加开放条件下进行。

在 10 日举行的论坛年会开幕式上，习近平主席在主旨演讲中提出大幅度放宽市场准入、创造更有吸引力的投资环境、加强知识产权保护、主动扩大进口等一系列扩大开放的重大举措。

以加强知识产权保护为例，今年我国将重新组建国家知识产权局，完善执法力量，加大执法力度，把违法成本显著提上去，保护在华外资企业合法知识产权。

“加强知识产权保护，外资企业有要求，中国企业更有要求。”科大讯飞董事长刘庆峰说，中国的开放，不是别人逼迫而来的开放，而是基于自身高质量发展需要的主动开放。

中国（海南）改革发展研究院院长迟福林说，习近平主席不仅谈到实实在在的开放举措，还提到了“将尽快使之落地，宜早不宜迟，宜快不宜慢”，列出了时间表，这传递出扩大开放的坚定决心和坚定信心。

“这是历史性的一届博鳌亚洲论坛年会。”凯尔德感叹，在改革开放 40 年的时间节点，中国以一系列更大幅度的开放举措为世人呈现出自信的负责任大国形象，这才是当今世界真正需要的领导力。

中国国际经济交流中心首席研究员张燕生表示，构建全面开放新格局是中国进入新时代的历史抉择，开放应该是相互的、非歧视的，有理由相信，中国的对外开放，一定能够为锻造中国、亚洲乃至世界的美好未来提供不竭动力。

◎延伸阅读：人民日报系列评论◎

改革开放深刻改变中国深刻影响世界
——一论习近平主席博鳌亚洲论坛主旨演讲

历史，总是在一些特殊年份给人们以汲取智慧、继续前行的力量。

中国改革开放40周年，海南建省办经济特区30周年，2018年正以这样一个特殊年份，让中国重温历史，给世界昭示未来。

百花烂漫的仲春时节，椰风海韵的南海之滨，来自各国的2000多位各界嘉宾汇聚博鳌亚洲论坛，共同求解亚洲和世界面临的时代之问，共商创造亚洲和世界美好未来的合作共赢大计。在论坛开幕式上，习近平主席发表主旨演讲，深情回顾了中国开启改革开放的历史征程，深刻总结了40年来坚定不移推进改革开放取得的巨大成就和积累的宝贵经验，深入分析了和平合作发展潮流滚滚向前的世界大势，深刻提出了共创和平、安宁、繁荣、开放、美丽的亚洲和世界的中国主张，郑重宣示了新时代开启中国同世界交融发展新画卷的坚定信念和扩大开放的重大举措，赢得与会嘉宾强烈共鸣，引起国际社会广泛关注。

40年前，中国开启了改革开放这场伟大革命，从此中国的面貌焕然一新，世界的面貌也为之一变。世界第二大经济体、第一大工业国、第一大货物贸易国、第一大外汇储备国，世界经济增长的主要稳定器和动力源，书写了世界上“最成功的脱贫故事”……40年来，从农村到城市，从试点到推广，从经济体制改革到全面深化改革，中国人民用双手书写了国家和民族发展的壮丽史诗，推动了中国和世界的共同发展进步。

历史昭示我们，改革开放这场中国的第二次革命，不仅深刻改变了中国，也深刻影响了世界。40年来，中国人民极大解放和发展的中国社会生产力，开辟的中国特色社会主义道路，充分显示的中国力量，为世界积极作出的中国贡献，深刻印证改革开放是中国和世界共同发展进步的伟大历程；40年来，中国人民始终艰苦奋斗、顽强拼搏，始终上下求索、锐意进取，始终与时俱进、一往无前，始终敞开胸襟、拥抱世界，深刻彰显改革开放是中国人民的精气神，是历史前进的大逻辑。正如习近平主席高度概括的："中国进行改革开放，顺应了中国人民要发展、要创新、要美好生活的历史要求，契合了世界各国人民要发展、要合作、要和平生活的时代潮流。"

历史昭示我们，一个国家、一个民族要实现振兴，就必须在历史前进的逻辑中前进、在时代发展的潮流中发展。面对复杂变化的世界，人类社会向何处去？亚洲前途在哪里？求解这一时代之问，最根本的就在于把握历史规律，认清世界大势。当今世界，和平合作、开放融通、变革创新的潮流滚滚向前。只有坚持和平发展、携手合作，才能真正实现共赢、多赢；只有推进互联互通、加快融合发展，才能促进各国共同繁荣发展；只有坚持变革、不断创新，才能始终站在时代潮头。中国40年改革开放之所以必然成功，也一定能成功，根本原因就在于中国人民顺应了历史前进的大逻辑，始终挺立在了时代发展的潮头。

"天行有常"，"应之以治则吉"。回首往昔，中国以40年改革开放深刻改变中国、深刻影响世界，书写了一个古老民族的现代化传奇。面向未来，在以习近平同志为核心的党中央坚强领导下，乘着新时代的浩荡东风，坚定不移推进改革开放，我们就一定能实现亿万人民的伟大梦想，为亚洲和世界繁荣发展作出新的更大贡献，推动谱写人类命运共同体的精彩华章。

把握历史规律　认清世界大势

——二论习近平主席博鳌亚洲论坛主旨演讲

世界潮流，浩浩荡荡，顺之则昌，逆之则亡。

“面对复杂变化的世界，人类社会向何处去？亚洲前途在哪里？”在博鳌亚洲论坛上，习近平主席提出这些“时代之问”，深刻分析世界大势和时代潮流，明确提出共创和平、安宁、繁荣、开放、美丽的亚洲和世界的中国方案，充分彰显了大国领袖的宽广胸襟、深邃目光和历史担当，赢得与会嘉宾高度认同，引起国际社会对“时代之问”的广泛思考。求解“时代之问”，最根本的就是要把握历史规律，认清世界大势，顺应时代潮流。

当今世界，什么是滚滚向前的潮流和大势？习近平主席在主旨演讲中给出了三个关键词：和平合作、开放融通、变革创新。放眼今日全球，和平与发展是世界各国人民的共同心声，冷战思维、零和博弈愈发陈旧落伍，妄自尊大或独善其身只能四处碰壁；世界已经成为你中有我、我中有你的地球村，各国经济社会发展日益相互联系、相互影响，推进互联互通、加快融合发展才能促进共同繁荣发展；变革创新是推动人类社会向前发展的根本动力，谁排斥变革、谁拒绝创新，谁就会落后于时代，谁就会被历史淘汰。面对这样的世界大势，唯有因势而谋、应势而动、顺势而为，才能创造历史、成就未来。

40 年前，中国共产党作出改革开放的关键抉择，正是对世界大势的顺应，对时代潮流的把握。40 年来，改革开放这场中国的第二次革命，深刻改变了中国，我们这个古老民族实现了从“赶上时代”到“引领时代”的伟大跨越；深刻影响了世界，中国始终成为世界和平的建设者、全球发展的贡献者、国际秩序的维护者。40 年历史充分表明，中国改革开放之所以必然成功，也一定能够成功，根本原因就在于中国进行改革开放，顺应了中国人民要发展、要创新、要美好生活的历史要求，契合了世界各国人民要发展、要合作、要和平生活的时代潮流。

在主旨演讲中，习近平主席提出一个鲜明论断：一个国家、一个民族要振兴，就必须在历史前进的逻辑中前进、在时代发展的潮流中发展。今天的世界，不稳定不确定因素依然很多、挑战前所未有、逆全球化趋向不断涌现。当此之际，是开放还是封闭，是前进还是后退，考验着人们的胸襟、眼界和智慧。越是在这样的时候，越要求我们在不畏浮云遮望眼中把握历史规律，在善于拨云见日中认清世界大势。尽管前进道路上可能会遇到这样那样的困难和挫折，尽管发展大潮中可能会出现这样那样的风险和挑战，但只要我们顺应潮流和大势，坚持开放共赢，勇于变革创新，就定能让亚洲和世界变得和平、安宁、繁荣、开放、美丽。

“青山遮不住，毕竟东流去”。今天，没有哪个国家能够独自应对人类面临的各种挑战，也没有哪个国家能够退回到自我封闭的孤岛。顺应世界大势，同心协力、携手前行，努力构建人类命运共同体，亚洲和世界的未来一定更加美好。

共创和平安宁繁荣开放美丽的亚洲和世界

——三论习近平主席博鳌亚洲论坛主旨演讲

让世界变得和平安宁，让生活变得幸福美好，是人类的共同愿望。

“我希望，各国人民同心协力、携手前行，努力构建人类命运共同体，共创和平、安宁、繁荣、开放、美丽的亚洲和世界。”在博鳌亚洲论坛开幕式上，习近平主席发表主旨演讲，立足实现人类美好梦想，着眼增进人类福祉，明确提出了共创亚洲和世界美好未来的中国方案，充分体现了大国领袖的天下情怀和历史担当，为亚洲和世界和平发展指明了方向、注入了信心、凝聚了力量。

“面对复杂变化的世界，人类社会向何处去？亚洲前途在哪里？”习近平主席在主旨演讲中提出的“时代之问”，深刻揭示了在不稳定不确定因素依然很多、逆全球化趋势不断涌现的情势下，人类面临的重大抉择和挑战。当此之际，开放还是封闭，前进还是后退，人类必须作出回答。面对世界各国人民要发展、要合作、要和平生活的时代大潮，只有在历史前进的逻辑中前进、在时代发展的潮流中发展，共创和平、安宁、繁荣、开放、美丽的亚洲和世界，人类才有幸福美好的未来。

如何共创和平、安宁、繁荣、开放、美丽的亚洲和世界？习近平主席着眼世界大势，把握人类命运提出了“面向未来”的五点主张，是破解“时代之问”的关键所在，是共创亚洲和世界美好未来的根本路径。宇宙只有一个地球，人类共有一个家园。只有相互尊重、平等相待，走对话而不对抗、结伴而不结盟的国与国交往新路，才能实现持久和平；只有对话协商、共担责任，促进不同安全机制间协调包容、互补合作，才能实现普遍安全和共同安全；只有同舟共济、合作共赢，坚持走开放融通、互利共赢之路，才能推动经济全球化朝着更加开放、包容、普惠、平衡、共赢的方向发展；只有兼容并蓄、和而不同，相互取长补短、共同进步，才能使文明交流互鉴成为增进各国人民友谊的桥梁、推动社会进步的动力、维护地区和世界和平的纽带；只有敬畏自然、珍爱地球，不断开拓生产发展、生活富裕、生态良好的文明发展道路，才能为我们的子孙后代留下蓝天碧海、绿水青山。

“积土而为山，积水而为海。”幸福和美好未来不会自己出现，成功属于勇毅而笃行的人。共创亚洲和世界的美好未来，关键就是按照习近平主席提出的中国方案，同心协力、携手前行，努力构建人类命运共同体。作为实践人类命运共同体理念的重要载体，作为各国实现共同发展的国际合作新平台，“一带一路”建设5年来，已经有80多个国家和国际组织同中国签署了合作协议，中国秉持世界大同、和合共生等理念，以实际行动阐释着人类命运共同体的内涵，让共建“一带一路”造福各国人民，为世界和平与发展作出中国贡献。实践充分证明，只要各方秉持和遵循共商共建共享的原则，就一定能增进合作、化解分歧，让人类命运共同体的方舟驶向更加开阔的海域，让亚洲和世界的未来更加美好。

“善学者尽其理，善行者究其难。”构建人类命运共同体，共创和平、安宁、繁荣、开放、美丽的亚洲和世界，不可能一蹴而就，也必然会面临这样那样的困难和挑战。但惟其艰难，才更显勇毅；惟其笃行，才弥足珍贵。只要我们顺应世界大势，坚持开放共赢，勇于变革创新，我们就一定能不断增进人类福祉，实现人类孜孜以求的美好生活梦想。

开启中国同世界交融发展新画卷

——四论习近平主席博鳌亚洲论坛主旨演讲

中国发展进步离不开世界，世界繁荣稳定也离不开中国。

“中国特色社会主义进入新时代，掀开了实现中华民族伟大复兴的新篇章，开启了加强中国同世界交融发展的新画卷”，习近平主席在博鳌亚洲论坛发表主旨演讲，着眼亚洲和世界的美好未来，深情回顾了改革开放40年来中国和世界共同发展进步的伟大历程，郑重宣示了新时代开启中国同世界交融发展新画卷的坚强决心，为世界和平与发展注入了中国信心。

改革开放40年来，中国和世界共同发展进步，走过了万水千山，可谓一路风雨一路歌。40年砥砺奋进，中国人民开辟了中国道路，凝聚了中国力量，取得了改革开放和社会主义现代化建设的巨大成就，书写了国家和民族发展的壮丽史诗；40年春风化雨，中国人民始终敞开胸襟、拥抱世界，成功实现从封闭半封闭到全方位开放的伟大转折，为人类和平与发展作出了中国贡献。今日之中国，是世界经济增长的主要稳定器和动力源，是世界和平的建设者、全球发展的贡献者、国际秩序的维护者，深刻印证了“世界好，中国才能好；中国好，世界才更好”这一朴素命题，充分证明了习近平主席提出“一个国家、一个民族要振兴，就必须在历史前进的逻辑中前进、在时代发展的潮流中发展”这一论断的深刻哲理。

虽然我们已走过万水千山，但仍需要不断跋山涉水。新时代开启中国同世界交融发展新画卷，我们既面对着和平、发展、合作、共赢潮流滚滚向前的世界大势，也面对着挑战层出不穷、风险日益增多的不利条件。当此之际，习近平主席在博鳌亚洲论坛向世界明确宣示：在新时代，中国人民将继续自强不息、自我革新；中国人民将继续大胆创新、推动发展；中国人民将继续扩大开放、加强合作；中国人民将继续与世界同行、为人类作出更大贡献。这是义无反顾的中国抉择，是顺应时代大势的中国行动，充分展现了中国为了人类和平与发展事业的大国担当，充分体现了中国人民与世界各国人民携手同行的真诚愿望。

事要去做才能成就事业，路要去走才能开辟通途。未来总是充满希望，也充满挑战，但我们不能因现实复杂而放弃梦想，不能因理想遥远而放弃追求。在新时代，按照习近平主席所要求的，坚定不移全面深化改革，将改革进行到底；坚定不移贯彻以人民为中心的发展思想，不断增强人民获得感、幸福感、安全感；坚定不移奉行互利共赢的开放战略，推动形成陆海内外联动、东西双向互济的开放格局；坚定不移走和平发展道路，推动构建人类命运共同体，我们深信，中国的明天一定更美好，世界的未来也一定更美好。面对“让和平的薪火代代相传，让发展的动力源源不断，让文明的光芒熠熠生辉”这一各国人民的普遍期待，世界各国着眼本国和世界，着眼全局和长远，同心协力、携手同行，就一定能把世界各国人民对美好生活的向往变成现实。

一个时代有一个时代的问题，一代人有一代人的使命。只要我们顺应时代发展潮流、把握人类进步大势、顺应人民共同期待，自觉担负起时代使命，中国同世界交融发展的新画卷一定更加恢弘壮阔，我们生于斯、长于斯的这个星球必定能建成一个和睦的大家庭。

中国开放的大门只会越开越大

——五论习近平主席博鳌亚洲论坛主旨演讲

开放带来进步，封闭必然落后。推进互联互通、加快融合发展，是促进各国共同繁荣发展的必然选择。

“我要明确告诉大家，中国开放的大门不会关闭，只会越开越大！”习近平主席在博鳌亚洲论坛发表主旨演讲，着眼中国和世界共同发展进步，郑重宣示中国坚持扩大开放的坚定决心，庄严承诺扩大开放将采取重大举措，为世界各国顺应历史潮流、增进人类福祉作出了表率，为人类社会向何处去揭示了正确方向。“习近平主席在论坛年会开幕式上宣布的中国扩大开放的一系列新的重大举措令人鼓舞振奋，对世界发出了有利于推进全球化进程的积极信息”，与会嘉宾的高度评价，道出了国际社会的共同心声。

40 年来，中国经济发展之所以取得举世瞩目的传奇成就，中国人民之所以能书写国家和民族发展的壮丽史诗，开放是前提条件。打开国门搞建设，中国人民始终敞开胸襟、拥抱世界，成功实现从封闭半封闭到全方位开放的伟大转折。从引进来到走出去，从加入世界贸易组织到共建“一带一路”，中国在对外开放中展现大国担当，成为世界经济增长的主要稳定器和动力源，为世界和平与发展作出了中国贡献。正如习近平主席所强调的：“过去 40 年中国经济发展是在开放条件下取得的，未来中国经济实现高质量发展也必须在更加开放条件下进行。”

在博鳌亚洲论坛上，习近平主席宣布了对外开放重大举措：大幅度放宽市场准入；创造更有吸引力的投资环境；加强知识产权保护；主动扩大进口。这四个方面的重大举措，是中国基于发展需要作出的战略抉择，是坚持好对外开放基本国策、贯彻好开放发展理念的务实之举。新时代扩大开放再出发，中国致力于发展更高层次的开放型经济，推动形成全面开放新格局，为的正是进一步壮大我国经济实力和综合国力，同时通过自身发展为世界进步贡献力量。推动这些重大举措尽早尽快落地，必将让开放成果及早惠及中国企业和人民，及早惠及世界各国企业和人民。

当今世界正在经历新一轮大发展大变革大调整，人类面临的不稳定不确定因素依然很多。但综合研判世界发展大势，经济全球化是不可逆转的时代潮流，世界经济的大海不可能退回到一个一个孤立的小湖泊、小河流。中国经济在融入世界经济的过程中，呛过水，遇到过漩涡，遇到过风浪，但我们在游泳中学会了游泳，成为经济全球化的受益者和贡献者。今天，更加开放、自信的中国，欢迎各国搭乘中国经济快车，分享中国改革、开放、发展的成果。“一带一路”倡议等一系列中国方案，目的都在于以实际行动推动建设开放型世界经济，推动经济全球化朝着更加开放、包容、普惠、平衡、共赢的方向发展。

“不畏浮云遮望眼，自缘身在最高层。”面对滚滚向前的时代潮流，只要我们坚持开放共赢，勇于变革创新，增进合作、化解分歧，中国对外开放一定会打开一个全新的局面，也一定会为世界繁荣发展作出新的更大贡献。

6. 博鳌缘起

——博鳌亚洲论坛简介

博鳌亚洲论坛的缘起与特色

亚洲国家和地区虽然已经参与了亚太经合组织、亚欧会议等区域性国际组织，但就整个亚洲地区而言，目前仍缺乏一个真正由亚洲人主导，从亚洲利益和观点出发，旨在增进亚洲各国之间、亚洲与世界其他地区之间交流与合作的高层次论坛。

1998 年 9 月，菲律宾、澳大利亚、日本三国前政要倡议成立一个类似瑞士达沃斯“世界经济论坛”的“亚洲论坛”。

“论坛”成立主要基于以下考虑：在经受亚洲金融危机打击和其后逐步实现经济复苏的实践中，越来越多的亚洲国家认识到经济全球化和新经济的发展对于亚洲这样具有丰富多样性的大陆来说，既有新发展机遇，也带来严峻挑战，需要及时寻求趋利避害的对策。

欧洲经济一体化和北美自由贸易区进一步发展，使越来越多的亚洲国家认识到亚洲经济区域化滞后的状态，强烈意识到在亚洲地区加强对话、协调与合作的重要性。“亚洲论坛”的概念因而得到了广泛的响应和支持。

“亚洲论坛”有关发起人建议论坛应设在中国。他们认为，中国不仅是有影响的大国，是近年来亚洲经济发展最快的国家，也是世界上最大的市场。亚洲和国际商业团体希望对中国的经济政策、企业、市场和商业机会有更深入的了解，而把一个专门进行国际商业对话的机构设在中国，是实现这一愿望的最佳途径。

除了正在筹建的论坛思想库“亚洲研究所”之外，即将成立的“论坛”有五大特点：

非官方。参加人员广泛，有各国政界人士、专家学者，工商界领导人、著名企业家和其他知名人士等。

非营利。即不以营利为目的，旨在为亚洲各国官、学、商三方提供一个共商亚洲发展的高层对话场所，以增强亚洲在世界上的分量。

开放性。即没有排他性，其他地区的政经知名人士均可参加。定期。本月底论坛正式成立后，将于2002年举行第一次大会，以后每年举行一次大会。

定址。论坛将永久定址于中国海南省琼海市博鳌。

博鳌成长的秘诀

如果在全世界选择一个近20年变化最大的地方，博鳌一定会名列前茅。

20世纪90年代，博鳌还是只有1.5万名居民的渔业小镇，连条像样的马路都没有。如今的博鳌，日均接待游客1.58万人次，拥有会议场地逾1万平方米、星级酒店10余家，机场年度旅客吞吐量突破30万人次，已有9家航空公司开通了10余条航线。

这一切，均得益于博鳌亚洲论坛的飞速成长。

这个成立于2001年的非政府、非营利性国际组织，如今刚刚走过17个年头。明年是博鳌亚洲论坛成立的第18个年头，博鳌即将迎来成年礼。纵览其发展历程，即便与颇负盛名的达沃斯论坛相比，博鳌亚洲论坛的发展也可谓迅速。如今，它已经成长为当前亚洲地区最具影响力的非政府组织，并朝着世界性的国际思想交流和对话沟通平台迈进。

博鳌的迅速成长，在情理之中。

作为第一个把总部设在中国，致力于推动亚洲事务对话的国际会议组织，博鳌充分享受到中国和亚洲发展的巨大红利。

中国对世界经济发展的助推作用自不待言。而放眼亚洲，这个古老大陆近年来的经济发展势头也极为喜人。世界银行报告显示，2015年，亚洲GDP占全球GDP的比重从1952年的15%跃升到33.84%，超过排名第二的北美洲（27.95%）和第三的欧洲（21.37%）。在全球经济放缓的背景下，东亚与南亚在2016年的经济增长率分别为5.5%与6.7%，成为拉动世界经济增长的引擎。2017年，亚洲贡献了全球约60%的经济增长。国际货币基金组织2018年1月发布的《世界经济展望》报告中预测，亚洲新兴和发展中国家2018年的经济增速将达6.5%，仍将继续占世界经济增长的一半以上。

当然，博鳌的迅速成长，又并非是如经济数据呈现的那般水到渠成。

作为一个国际会议组织，博鳌面临的先天挑战并不算少。尤其是，与欧洲、北美等其他大洲相比，亚洲的一个显著特征是多元。如今的亚洲是一个多文明、多民族、多宗教汇聚交融的地区，各地区发展程度、意识形态和社会制度差异显著，这无疑会给国家之间的沟通合作带来一定阻碍。

因此，博鳌迅速成长的秘诀，不仅仅在于中国和亚洲的经济增长。

4月10日上午，中国国家主席习近平出席博鳌亚洲论坛2018年年会开幕式并发表重要主旨演讲。他在演讲中的话语，或可给这个问题以答案。

在提到中国40年改革开放给人们提供的启示时，他说，其中最重要的一条就是，一个国家、一个民族要振兴，就必须在历史前进的逻辑中前进、在时代发展的潮流中发展。

对于博鳌，同样如此。

有论者说，每当后人回望历史，总会以为历史前进的逻辑清晰明了，但对于历史中人，却并非如此。

放眼全球，当今世界正在经历新一轮大发展大变革大调整，人类面临的不稳定不确定因素、面临的重大挑战依然很多。在这些因素和挑战面前，逆全球化趋势又有抬头了。开放还是封闭，前进还是后退，在有些地区，人们面临困惑、纠结。

习近平主席说，回答这些时代之问，我们要不畏浮云遮望眼，善于拨云见日，把握历史规律，认清世界大势。

历史规律是什么？世界大势是什么？他进一步断言：当今世界，和平合作的潮流滚滚向前，开放融通的潮流滚滚向前，变革创新的潮流滚滚向前。

回到博鳌本身。博鳌亚洲论坛成立以来，立足亚洲，面向世界，在凝聚亚洲共识、促进各方合作、推进经济全球化、推动构建人类命运共同体等方面建言献策，提出许多富有价值的“博鳌方案”，作出了积极贡献。这些“博鳌方案”，无不是顺应历史前进逻辑、顺应时代发展潮流的建言，无不是推动和平合作、开放融通、变革创新的智慧。

某种程度上讲，这正是博鳌成长的真正秘诀，也是对时代之问的回答。

博鳌亚洲论坛为什么行

自 2001 年成立以来，博鳌亚洲论坛不觉已经成长发展了 17 年。在短短不到 20 年时间里，海南博鳌从一个默默无闻的海岛小镇发展成为享誉世界的国际会议中心和合作舞台，博鳌亚洲论坛也由一个前领导人倡议发起的亚洲事务对话平台，逐渐成长为当前亚洲地区最具影响力的非政府组织，并朝着世界性的国际思想交流和对话沟通平台迈进。

博鳌亚洲论坛为何能迅速发展成为最具影响力的会议性质非政府国际组织？中国作为论坛的总部所在国，又在博鳌亚洲论坛中发挥着怎样的作用？

亚洲经济发展奠基

一方面，亚洲正成为世界上经济发展最快、经济最有活力的地区，世界对亚洲经济的关注和对博鳌亚洲论坛的兴趣也因此与日俱增。

据世界银行报告显示，2015 年，亚洲 GDP 占全球 GDP 的比重从 1952 年的 15% 跃升到 33.84%，超过排名第二的北美洲（27.95%）和第三的欧洲（21.37%）。在全球经济放缓的情况下，东亚与南亚在 2016 年的经济增长率分别为 5.5% 与 6.7%，成为拉动世界经济增长的引擎。2017 年，亚洲贡献了全球约 60% 的经济增长。国际货币基金组织 1 月发布的《世界经济展望》报告中预测，亚洲新兴和发展中国家 2018 年的经济增速将达 6.5%，仍将继续占世界经济增长的一半以上。

随着“一带一路”建设的进行和地区一体化进程的加快，中国与亚洲其他国家的经济关系将变得更为密切，合作深度和广度也会不断增加，博鳌亚洲论坛的价值将会得到进一步体现。未来是亚洲的世纪，通过博鳌论坛这个平台增加沟通交流和寻求合作，加强地区经济联系，是实现亚洲整体经济发展、推动亚洲复兴的重要一环。亚洲经济的发展与活力，不仅带动着区域内国家间的经济沟通合作，更吸引了亚洲区域外国家和企业对亚洲经济的关注。

另一方面，亚洲目前亟待解决的地区性和全球性议题需要博鳌亚洲论坛发挥积极作用。

虽然亚洲仍旧是世界上经济增长最快、最具活力和最有发展潜力的地区，但世界银行最新发布的《全球经济展望》报告中以“普遍向好但能否持久”为题表达了对亚洲经济问题的忧虑，认为世界经济已“接近满负荷运转”，全球经济增长前景存在下行风险，这种经济减速将波及的经济体占到全球 GDP 的 65% 以上，包括增长最快的亚洲。

此外，截至 2015 年，亚洲 48 个国家中依然有 44 个国家是发展中国家，其中 9 个国家为最不发达国家，占了全球最不发达国家的 19%，地区发展不平衡现象严重。

现阶段，全球化正遭受着严峻挑战，如何应对这些深层次危机，是亚洲国家共同面临的问题，单凭一国政府或几个国家无力解决，只有通过国家间的经济协调与合作，才能寻找出解决的思路和方法。博鳌亚洲论坛正是国家间交换意见、进行沟通协调的一个重要非官方平台，这也是为什么博鳌亚洲论坛如此重要的原因之一。

独立性、灵活性、开放性、包容性

首先，博鳌亚洲论坛是一个非政府、非官方的国际组织，具有相对的独立性和灵活性，同时强调了企业、个人等非国家行为体的主体作用，为政界、商界、学术界、媒体和社会公众之间搭建了一个平等、透明的沟通和交流平台，有利于吸纳更多民间的声音。

其次，亚洲博鳌论坛欢迎所有国家和国际组织的政要、企业领袖、国际组织领导人、专家学者，其开放性和包容性吸引了更多的参与方，增加了论坛的知名度和影响力。

就中国来说，2018 年正值改革开放 40 周年和贯彻十九大精神的开局之年，习近平主席第四次应邀出席论坛年会开幕式并发表重要主旨演讲，作为中国 2018 年的首个主场外交和首脑外交活动，中国对博鳌亚洲论坛的重视和积极参与自然吸引了全世界的目光，也提升了论坛的国际影响力。

再次，论坛的议题设置也让博鳌亚洲论坛具有现实价值。作为一个立足亚洲面向世界的国际论坛，论坛的主题虽然不断变化，但均紧跟亚洲和世界经济形势，对亚洲甚至全球舆论具有重要影响。

最后，博鳌亚洲论坛有研究院作为其重要智力支持机构，历年会议期间论坛都会发布《亚洲经济一体化报告》《新兴经济体报告》和《亚洲竞争力报告》三大权威学术报告和研究，增强了论坛的权威性和专业性。

中国力量在前领跑

作为博鳌亚洲论坛的总部，中国在世界、地区经济增长和合作中发挥积极的带动作用，为论坛长足发展提供了坚实基础。

从经济总体情况看，中国除了是世界第二大经济体外，还是世界第一大贸易国、第一大外汇储备国、第一大工业和制造业大国，是拉动亚洲和世界经济增长的重要力量。

2017 年中国经济稳中向好，GDP 增长 6.9%，成为全球经济增长的“主引擎”。据世界银行测算，2012 年至 2016 年主要国家和地区对世界经济增长贡献率中，中国达 34%，超过美、欧、日贡献之和，预计在未来仍将持续发挥对全球经济增长的主要推动作用。

近年来，中国在世界贸易中的地位不断提高，是世界上 120 多个国家的第一大贸易伙伴，也是亚洲多数国家的最大贸易伙伴国。2010 至 2015 年，中国货物贸易出口额占全球的比重由 10.3% 提高到 13.7%。

此外，中国对外投资进入高速增长阶段，成为全球第二大对外投资国、第三大投资接收国，以及最不发达国家的最大投资国。目前，中国仍拥有对外扩大投资的潜力，且在基础设施、制造业、高科技等领域的经验和技术对其他国家也具有很大吸引力。

与此同时，亚洲许多发展中国家还有很大的外资缺口，随着“一带一路”倡议的不断推进和丝路基金、亚洲基础设施投资银行等机制的建立，中国与亚洲国家的资金对接更加顺畅。例如中国在发展中国家和发达国家投资建设公路、高速公路和桥梁等基础设施，并计划建设能够拉动全球 50 万亿美元投资的“全球能源互联网”建设，以解决电力短缺、污染和气候变化问题。这些对民生至关重要的基础设施项目，有望成为推动世界经济增长的重要引擎。

健全的基础设施不仅促进了地区的发展，而且也促进了一个命运共同体。在世界经济稳步复苏的进程中，中国将持续发挥着“压舱石”和“助推器”的作用。

中国智慧背后助力

中国对博鳌亚洲论坛的助推，不仅是靠经济实力，也靠理念、靠智慧。

一方面，中国提供的亚洲地区合作理念为博鳌亚洲论坛提供了理论借鉴。

与欧洲、北美等其他大洲相比，亚洲的一个显著特征是多元。亚洲曾经孕育了历史上的多个文明古国，如今的亚洲更是一个多文明、多民族、多宗教汇聚交融的地区，发展程度、意识形态和社会制度差异显著。这虽增加了亚洲文明的多样性和丰富性，但也使亚洲国家之间的沟通合作产生一定阻碍。面对差异，如何实现观念上的包容并存和互信认同，是进一步探讨地区合作的前提条件。

早在 1955 年，周恩来总理就曾在亚非会议上倡导亚非国家之间的求同存异，提出和平共处五项原则，为亚非发展中国家间的包容与合作贡献了中国智慧。60年后的2015年，当中国感到世界越来越成为你中有我、我中有你的命运共同体之时，习近平主席在博鳌亚洲论坛开幕式上发表了《迈向命运共同体开创亚洲新未来》的主旨演讲。习近平主席所提出的人类命运共同体理念，强调的是不同文明间的尊重和包容，强调的是合作与共赢，在博鳌亚洲论坛上提出命运共同体理念，为论坛奠定了和平、发展、合作、共赢的基调，为发挥论坛的全球对话平台作用，发挥连接亚洲与世界的桥梁和纽带作用提供了重要的理论借鉴。

另一方面，中国参与和提供的亚洲地区多边机制和合作平台，为博鳌亚洲论坛提供了重要的机制补充。

中国既是现有国际秩序的受益者、参与者，也是重要的建设者，始终在为地区和全球秩序向着更为公正合理的方向作出积极贡献。

“一带一路”倡议，既符合经济全球化的发展方向，也符合亚洲国家的共同利益，已成为亚洲各经济体的战略共识。本次博鳌亚洲论坛年会的第一个议题便是“全球化与“一带一路”，论坛还专门设立了“一带一路：成功案例与经验分享”等分论坛，通过经验分享，为日后亚洲地区的国际合作提供借鉴和参考。

此外，中国围绕“一带一路”倡议积极参与全球和地区多边机制的改革和建设，在上海合作组织、亚太经合组织、中国—东盟自由贸易区、大湄公河次区域经济合作、中亚区域经济合作和澜湄合作机制、亚欧会议等地区机制中发挥重要作用，再加上通过与亚洲基础设施投资银行、金砖银行和丝路基金等相应配套机制的对接，并积极推动中日韩三方会谈等加速区域经济一体化的自贸区谈判，对于实现亚洲内部的经济对接和亚洲与世界对接，共同分享全球化带来的成果作出重要贡献。这些都为博鳌亚洲论坛提供了重要的机制补充。

博鳌镇简介

博鳌镇位于海南省琼海市东部，是博鳌亚洲论坛永久会址所在地。

博鳌镇南与万宁市交界，西距琼海县城嘉积镇约 18 公里，距海口市约 134 公里，距三亚约 217 公里。万泉河、九曲江、龙滚河三水在此交汇，直奔南海。三水交汇处，东屿岛、沙坡岛、鸳鸯岛三岛隔水相望。

博鳌镇为半渔半农集镇。江、河、湖、海、山、岛交相辉映，田园、奇石、温泉、椰林、沙滩、海水集于一体，形成江河入海、生态保护近乎完美的自然景观。

博鳌镇属热带季风气候，四季不明显，旱季和雨季分明，气候温和，光照充足，雨量充沛。全年平均气温 24.1 摄氏度，年平均日照时数 2155h，年降水量 307 毫米。历年平均风速在 2.1–4M/S，主导风向冬春为北风，夏秋为偏南风。每年 4 月，天气宜人，平均气温为 27 摄氏度，通常在 23 摄氏度至 30 摄氏度之间。

博鳌名称始于明朝正德六年唐胄胄在《正德琼志台》中的记载："博鳌浦莫村都（在县东民疍）"。因此"民疍"是博鳌最早的居民，博鳌也因"民疍"而起。根据《辞海》的释义："博鳌"有"鱼多鱼肥"之意，也是疍家人丰衣足食之源，博鳌名称具有此内涵正是题中应有之义。

博鳌早在宋代就有疍家人居住和繁衍生息，明初称博鳌浦乡，明末改称博鳌乡，居者为疍民。清袭明制，沿称至民国 18 年（1929）。民国 19 年（1930），撤销博鳌乡，划归乐会县首善镇（民国 36 年改称附城镇）

管辖。1950年7月，博鳌属乐会县二区（乐城）管辖。1955年6月，设立博鳌乡，属乐城区管辖。1958年10月，撤销博鳌乡，划归朝阳公社管辖。1958年12月1日，乐会、琼东县合并为琼海县。1961年3月，从朝阳公社分出设立博鳌公社。1983年9月，改称博鳌区，下辖博鳌、东海、东屿、田埇、珠联、朝烈等6个乡。1987年，博鳌区改为博鳌镇，下辖6个乡改为6个行政村。2002年3月，将九曲江乡的北山、北岸、沙美、培兰等4个行政村与朝阳乡、博鳌镇合并，设立博鳌镇，镇政府驻地在原博鳌镇，人口增至23270人。博鳌镇行政隶属于琼海市，政府驻地在东海村。

博鳌以独特山水、地域文化与良好生态为基础，建设具有世界一流水平的会议中心和具有鲜明特色的旅游度假休闲中心。根据博鳌亚洲论坛发展需求，规划完善国际会议中心的服务与配套功能，为与会的嘉宾、各方名流提供全方位的休闲度假服务。2003年4月29日，博鳌东屿岛上的索菲特大酒店开业，为博鳌亚洲论坛提供了新的高档次会议场所。2011年7月，该酒店更名为博鳌亚洲论坛大酒店。

博鳌镇的玉带滩是一条自然形成的沙滩半岛，全长8.5公里。玉带滩将海水和河水分开，一边是烟波浩瀚的南海，一边是平静如镜的万泉河。地形地貌酷似美国的迈阿密、墨西哥的坎昆和澳大利亚的黄金海岸，在亚洲可谓仅此独有。玉带滩北部于1999年6月被国际吉尼斯总部以其“分隔海、河最狭窄的沙滩半岛”被认定为吉尼斯之最。

博鳌地处海南岛东部沿海地带，海产河产丰富，热带水果品种众多。值得一品的博鳌名菜嘉积鸭，清香可口的椰子盐、开胃补血的鸡屎藤粑籽、汤白椰香的琼州椰子盅等等小吃，更具海南风味。此外，墩猪腿、白切鸭、温泉鹅、冬瓜盅、白粑炒、番椒桔等一道道看似简单的菜品，味道却着实出众。

悠久的历史、优美的环境、宜人的气候、独特的地貌、丰富的物产和便利的交通将博鳌打造成大自然馈赠给人类的伊甸园，也是人与自然和谐共存的天堂。

论坛简介与论坛历史

论坛简介

博鳌亚洲论坛（英文名称为 Boao Forum For Asia，缩写 BFA）（以下简称“论坛”）是一个非政府、非营利性、定期、定址的国际组织。

论坛由菲律宾前总统拉莫斯、澳大利亚前总理霍克及日本前首相细川护熙于 1998 年倡议，并于 2001 年 2 月 27 日正式宣告成立。中国海南博鳌为论坛总部的永久地所在，从 2002 年开始，论坛每年定期在博鳌召开年会。

论坛得到亚洲各国普遍支持，赢得世界广泛关注。论坛目前已成为亚洲以及其他大洲有关国家政府、工商界和学术界领袖就亚洲以及全球重要事务进行对话的高层次平台。论坛致力于通过区域经济的进一步整合，推进亚洲国家实现共同发展。

论坛的宗旨是立足亚洲，面向世界，促进和深化本地区内和本地区与世界其他地区间的经济交流、协调与合作。为政府、企业及专家学者等提供一个共商经济、社会、环境及其他相关问题的高层对话平台。通过论坛与政界、商界及学术界建立的工作网络为会员与会员之间、会员与非会员之间日益扩大的经济合作提供服务。

论坛历史

20世纪50年代以来，亚洲各国通过自身努力，在经济与社会发展方面取得了显著成就，在国际和地区事务中的影响力日益上升。特别是近二三十年来，亚洲经济总体发展迅速，东亚经济实现了腾飞，创造了令世人瞩目的“东亚奇迹”，并成为世纪最具经济发展活力的地区之一。亚洲在20世纪末遭受金融危机的重创，但经过自我调整与改革，经济已迅速复苏。

亚洲大多数国家实行开放政策，彼此间的贸易和投资联系日益密切，双边、区域、次区域以及跨区域的合作逐步展开。各国间工商、金融、科技、交通、文化等领域的合作与交流不断增加。东盟与中日韩 (10 + 3) 已进入实质性阶段。东南亚国家联盟经济一体化、大湄公河经济合作、南亚区域合作联盟等次区域合作正在进行。亚太经济组织、亚欧会议、东亚—拉美论坛等跨区域合作也在向前推进。可以预言，亚洲经济发展与合作的前景十分广阔。

进入21世纪，经济全球化和区域化不断发展，欧洲经济一体化进程日趋加快、北美自由贸易区进一步发展的新形势下，亚洲各国面临巨大机遇，也面临许多严峻挑战。这要求亚洲国家加强与世界其他地区的合作，也要求亚洲国家增进彼此间的交流与合作。如何应对全球化对本地区国家带来的挑战，保持本地区经济的健康发展，加强相互间的协调与合作已成为亚洲各国面临的共同课题。

亚洲国家和地区虽已参与了APEC、PECC等跨区域国际会议组织，但就整个亚洲而言，仍缺乏一个真正由亚洲人主导，从亚洲的利益和观点出发，专门讨论亚洲事务，增进亚洲各国之间、亚洲各国与世界其他地区之间交流与合作的论坛组织。鉴此，1998年9月，菲律宾前总统拉莫斯、澳大利亚前总理霍克和日本前首相细川护熙倡议成立一个类似达沃斯“世界经济论坛”的“亚洲论坛”。

“亚洲论坛”的概念得到有关各国的一致认同。1999年10月8日，时任中华人民共和国副主席胡锦涛在北京会见了专程为“亚洲论坛”来华的拉莫斯和霍克。胡锦涛在认真听取两位政要有关“亚洲论坛”构想的介绍后，表示中国政府一贯重视和支持多层次、多渠道、多形式的地区合作与对话，认为论坛的成立有利于本地区国家间增进了解、扩大信任和加强合作。中方将对“亚洲论坛”的设想进行认真研究和积极考虑，并尽力提供支持和合作。同时，胡锦涛强调，中国也希望进一步了解其他国家的反应，因为论坛的建立必须得到有关国家政府的重视、理解和支持。此后，亚洲有关国家政府均对成立“亚洲论坛”作出了积极回应。

在上述背景下，博鳌亚洲论坛成立大会于2001年2月26日至27日在中国海南博鳌举行。菲律宾前总统拉莫斯、澳大利亚前总理霍克、日本前首相中曾根康弘、哈萨克斯坦前总理捷列先科、蒙古前总统奥其尔巴特等26个国家前政要出席了大会。时任中国国家主席江泽民、马来西亚总理马哈蒂尔、尼泊尔前国王比兰德拉、越南国家副总理阮孟琴等作为特邀嘉宾出席了成立大会并发表重要讲话。大会宣布博鳌亚洲论坛正式成立，通过了《博鳌亚洲论坛宣言》、《博鳌亚洲论坛章程指导原则》等纲领性文件，取得圆满成功并受到了国际社会的广泛关注。

论坛总部选在中国海南博鳌。这是亚洲地区的一些前领导人向中国领导人提出的建议。他们认为，海南作为中国最大的经济特区，是中国深化与国际社会联系的实验区。海南省以建设生态省为目标，说明它当前和未来的发展重点是生态产业，这是亚洲和国际社会都看重的领域，符合世界经济发展潮流。博鳌是一个专门为论坛设计的集生态、休闲、旅游、智能和会展服务于一体的综合功能区，拥有十分宜人的自然地理环境。1999 年 10 月，胡锦涛在会见论坛发起人时表示，将为论坛的创建提供支持与合作。海南省政府已为论坛的创建提供了多方面的实际支持，并承诺继续为论坛的创建和运作提供高效、优质的服务。

发起国

2001 年 2 月 27 日，来自澳大利亚、孟加拉人民共和国、文莱达鲁萨兰国、柬埔寨王国、中华人民共和国、印度共和国、印度尼西亚共和国、日本国、伊朗伊斯兰共和国、哈萨克斯坦共和国、吉尔吉斯共和国、老挝人民民主共和国、马来西亚、蒙古国、缅甸联邦（现称“缅甸联邦共和国”）、尼泊尔王国（现称“尼泊尔联邦民主共和国”）、巴基斯坦伊斯兰共和国、菲律宾共和国、大韩民国、新加坡共和国、斯里兰卡民主社会主义共和国、塔吉克斯坦共和国、泰王国、土库曼斯坦、乌兹别克斯坦共和国和越南社会主义共和国等 26 个国家的代表在中国海南博鳌召开大会，正式宣布成立博鳌亚洲论坛。

经论坛理事会和会员大会批准，2006 年 4 月 20 日，以色列和新西兰被追加为博鳌亚洲论坛的发起国。2016 年 3 月 23 日，马尔代夫被追加为博鳌亚洲论坛的发起国。至此，博鳌亚洲论坛发起国增至 29 个。

◎延伸阅读◎

开放成为博鳌深深的青春印记

一年一度的博鳌亚洲论坛于4月8日拉开帷幕，本次年会主题为“开放创新的亚洲，繁荣发展的世界”。

开放，再度成为“博鳌声音”的关键词。开放，也是从2000年筹备至今，18岁博鳌成长的深深印记。

18年来，博鳌亚洲论坛始终致力于提供高层对话平台，以增进和深化贸易、投资联系，推动建立伙伴关系，加深亚洲跨文化间相互理解。开放，自始至终都是政府、企业和专家学者在论坛反复强调的共识和举措；开放，更是亚洲经济繁荣发展的客观要求和内生动力。

当前，各经济体发展阶段、资源禀赋和制度政策等方面都存在着差异，差异性将有助于促成互补性，互补性则增强了互利合作的可能性，开放便成为实现这种可能性的必然之路。

开放竞争可以提高效率，开放合作可以互利共赢。历史和现实无数次证明，狭隘的单边贸易保护主义不会让任何一方成为最后的赢家，只有开放才能规避陷入贸易保护的陷阱，才能真正互利合作惠及各方，才能在应对逆全球化挑战时表现出强大韧劲和生命力。

6.8%，这是过去20年里，亚洲发展中经济体的经济年均增长率，这个数字远高于其他地区的增长幅度。事实表明，亚洲的繁荣发展离不开宽松的外部环境，而开放，正是带来这个宽松外部环境的前提和关键。

从发展视角看，亚洲经济在全球经济增长中仍将处于重要地位，分享经济社会发展经验和成果的平台必将吸引越来越多的关注和参与。不断提升论坛的生命力和国际影响力，为新时期的全球化增添新希望和新动能成为新时代博鳌亚洲论坛的新使命。

2018 年博鳌亚洲论坛设置了“全球化与‘一带一路’建设”、“开放的亚洲”、“创新的亚洲”、“改革再出发”等四大板块，不难看出，开放仍是博鳌亚洲论坛的最强音。

十八而志，不负青春。回首过往，开放已经成为博鳌成长历程最深的印记。放眼新时代，开放、合作、共赢必将为博鳌亚洲论坛注入更新的动能，使其在促进区域经济发展、应对各方挑战中扮演更加重要的角色。

龙永图：博鳌亚洲论坛要建立高层次对话平台

2003 年 7 月，时任博鳌亚洲论坛秘书长龙永图在香港君悦酒店接受了记者的专访。

龙永图说：“这次会议（新形势下国际旅游合作大会）开得很成功，时机选得好，地点选得好。”他说，非典时期香港旅游业受到重创，而博鳌论坛和世界旅游组织选择在香港召开这样一个大型国际会议，本身对香港旅游业就是一个促进。由于议题好、时机好、地点好，有 48 个国家和地区的代表踊跃参加，可谓“天时、地利、人和”都具备了。

龙永图说，这次大会不是就非典谈非典，就旅游谈旅游，而是站在全球化的高度，就如何建立危机的预防和管理机制等问题进行了有建设性的研讨，达成了有效的共识。

他认为，由于全球经济一体化，部分地区发生非典使大家都受到打击，例如日本虽没有非典疫情，但旅游业也同样受到不少影响。因此大家都觉得有共同点，需要坐在一起共同协商。这次大会顺利通过重振亚洲旅游业的宣言，就是一个证明。

龙永图说，博鳌亚洲论坛的宗旨是促进亚洲经济发展，而推动旅游是实现经济复苏的一个很好的切入点。把亚洲作为统一的旅游市场，选择几条旅游黄金线路联合推广，对各国都是有益的。

博鳌亚洲论坛有强大的政府背景，例如这次大会就有很多政府领导人参加，同时有很多专家、学者参与，还有许多行业、企业代表加入。龙永图说："这三方在一起协商、沟通，就形成了非常高层次的对话平台，必然会产生很好的效果。"

他说，政府决策需要听取业界和专家的意见。有一个沟通的场合听取多方面的意见和建议，对决策很有帮助。这次国际旅游合作大会最后一个会议就是部长圆桌会议，综合了业界和专家的意见，形成了一个很好的宣言，对国际上促进有效的危机管理、加强协调监督机制、制定对游客安检的国际标准、进一步加强政府间合作、促进区域内旅游等，都提出了很好的办法。

会上有代表提出"无国界旅游"，龙永图说，经济发展一定要打破行政区划的制约，旅游业应先走一步。如果各个国家和地区都能减少障碍，对推动亚洲地区的旅游发展、经济发展将是很有意义的。

谈到这次来香港主办大会的感受，龙永图不禁赞叹："香港在 6 周内就能办成这么成功的会议，得益于其成熟的'会展经济'。"

前不久签订的《内地与香港关于建立更紧密经贸关系的安排》，提出香港与内地在服务领域加强合作。龙永图说，香港与内地在会展经济方面的合作大有可为。

从中国加入世贸组织的首席谈判代表，到博鳌亚洲论坛秘书长，谈到角色的转换，龙永图笑笑说："过去作为首席谈判代表很有收获，开阔了视野，了解认识了很多国际著名人士，对现在担任博鳌论坛秘书长也有很大帮助。"他表示，希望博鳌亚洲论坛能起到一个智囊团的作用，使亚洲国家的政府听到各种声音，使专家、业界的建议能对决策产生良好影响。

附录：

博鳌亚洲论坛大事记

博鳌亚洲论坛 1998 年至 2001 年大事记

1998 年 9 月，菲律宾前总统拉莫斯、澳大利亚前总理霍克、日本前首相细川护熙在马尼拉共同倡议成立“亚洲论坛”。基于中国的国际地位、巨大市场潜力和海南省独特的自然生态环境，三位发起人建议将“论坛”总部设在中国海南博鳌。

1999 年 10 月 8 日，中国国家副主席胡锦涛会见拉莫斯、霍克及海南省领导，表示中国政府愿为论坛的创建提供支持与合作。

2000 年 11 月 18 日至 19 日，博鳌亚洲论坛专家学者会议在海南博鳌举行，会议通过了“亚洲论坛宣言（草案）”“论坛组织结构设想”“论坛智力支持”“论坛秘书处机构设置”等重要文件。

2001 年 2 月 27 日，博鳌亚洲论坛成立大会在海南博鳌举行。中国国家主席江泽民出席并致辞。尼泊尔国王比兰德拉、马来西亚总理马哈蒂尔、中国国务院副总理钱其琛、日本前首相中曾根康弘、菲律宾前总统拉莫斯、澳大利亚前总理霍克、巴基斯坦前总统莱加里、哈萨克斯坦前总理捷列先科、越南副总理阮孟琴等来自论坛 26 个发起国的政要、前政要等作为嘉宾与会。会议正式宣告博鳌亚洲论坛成立，并任命东盟前秘书长、马来西亚前副外长阿吉特·辛格为博鳌亚洲论坛首任秘书长。

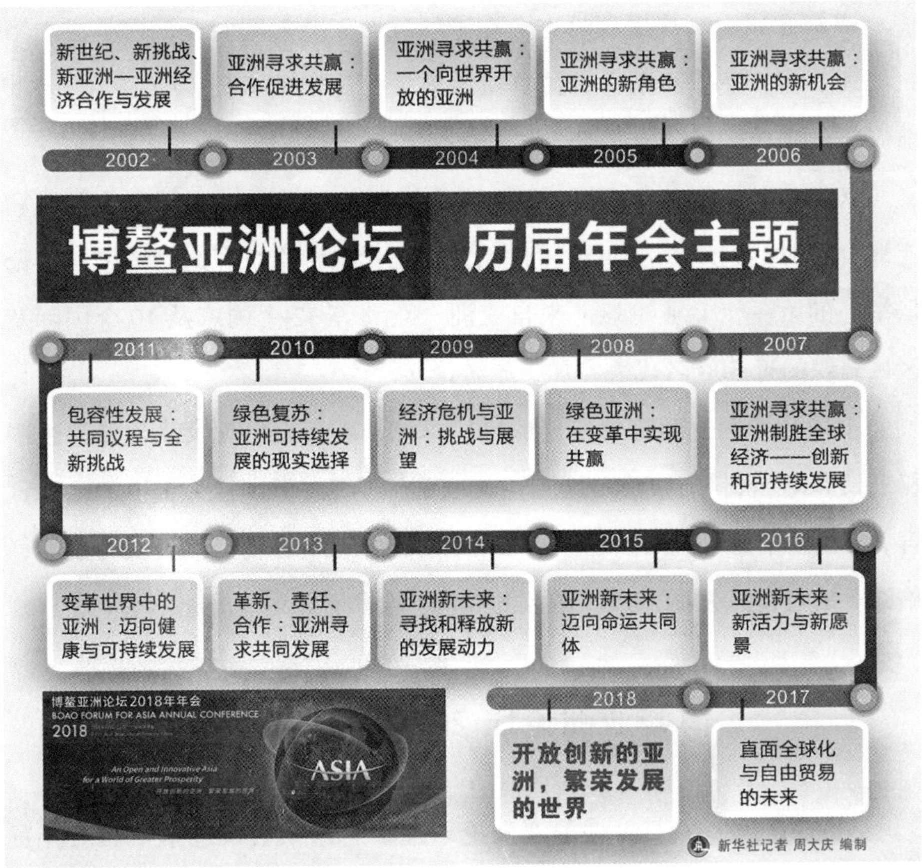

博鳌亚洲论坛 2002 年大事记

2002 年 4 月 11 日至 13 日，博鳌亚洲论坛首届年会在海南博鳌举行，主题为：“新世纪、新挑战、新亚洲”。中国总理朱镕基出席并发表题为“携手共创新世纪亚洲美好未来”的主旨演讲。日本首相小泉纯一郎、泰国总理他信和韩国总理李汉东、越南副总理阮孟琴以及其他来自政府、工商界和学术界的著名人士出席。来自48个国家的约1900位代表参加了会议。

博鳌亚洲论坛首次会员大会在论坛首届年会期间召开，选举成立第一届理事会，菲律宾前总统拉莫斯被推举为论坛理事长。中国外经贸部前副部长张祥接替辛格，被选举为论坛第二任秘书长。

2002年11月18日至20日，博鳌亚洲论坛携手中国国家旅游局和亚洲合作对话组织在广西桂林联合主办亚洲旅游论坛。这是博鳌亚洲论坛举办的第一个专业论坛。来自亚洲、欧洲等32个国家及10个国际及区域组织的近500名代表参加了旅游论坛。

中国政协副主席陈锦华、瑙鲁代总统、越南副总理及世界旅游组织秘书长弗朗加利等出席并通过了《博鳌亚洲论坛（中国桂林）宣言》。《宣言》分为四个部分：亚洲地区的旅游合作与发展，旅游产品开发与创新，旅游业的可持续发展以及旅游业的经济社会贡献。

博鳌亚洲论坛2003年大事记

2003年1月20日，博鳌亚洲论坛理事会东京会议选举中国对外贸易经济合作部副部长、中国入世首席谈判代表龙永图为博鳌亚洲论坛第三任秘书长。

2003年1月24日，中国国家主席江泽民在中南海会见菲律宾前总统、博鳌亚洲论坛理事长拉莫斯及其他理事会成员。江泽民再次重申中国政府将一如既往地支持论坛的发展。

2003年5月13日至14日，博鳌亚洲论坛和亚洲开发银行以视频会议形式在北京联合举办“非典与亚洲经济：影响评估与建议”国际研讨会。这是非典型肺炎疫情在中国发生以来，首次在北京举行的关于疫情与经济关系的权威研讨会。来自世界银行、亚洲开发银行等国际组织、中国政府机构的代表、专家学者及企业界人士近200人与会。

2003年7月3日，由博鳌亚洲论坛主办、数字中国联合会协办、中国电信赞助的“非典”与亚洲信息化建设论坛在北京嘉里中心酒店召开。论坛同时在新加坡和香港设立分会场。三地信息产业界官员和知名人士通过国际联线视频播放方式，在会议现场实现了即时对话。来自中国政府有关部门和行业协会、相关国际组织及中外企业代表近150人出席会议。

2003年7月13日至15日，由博鳌亚洲论坛、世界旅游组织主办、香港特区政府承办的“新形势下国际旅游合作大会——重振亚洲旅游”在香港会议展览中心举行。来自十几个国家的旅游部长等国际旅游高层以及600多名代表出席了会议。这是非典疫情爆发后在香港召开的第一个大型国际会议。

2003年9月8日，博鳌亚洲论坛在北京举行“亚洲经济一体化与区域贸易”研讨会。相关区域组织代表、部分亚洲国家驻华使节、中国政府官员以及学术界和媒体代表参加。

2003年9月22日，博鳌亚洲论坛国际会议中心正式启用，江泽民为国际会议中心题名。

2003年年11月1日，博鳌亚洲论坛在海南博鳌举行会员大会，通过了论坛章程和有关文件。

2003年11月1日至3日，博鳌亚洲论坛在海南博鳌举行第二届年会，主题为“亚洲寻求共赢：合作促进发展”。中国总理温家宝出席并发表题为“把握机遇、迎接挑战、实现共赢”的主旨演讲。巴基斯坦总统穆沙拉夫、塔吉克斯坦总统拉赫莫诺夫、哈萨克斯坦总统纳扎尔巴耶夫、新加坡总理吴作栋以及来自30个国家的近1000余名政府、企业和学术界代表与会。会议期间，博鳌亚洲论坛与世界银行达成协议，双方将共同开展对亚洲区域经济合作的研究。

博鳌亚洲论坛2004年大事记

2004年1月5日至10日，博鳌亚洲论坛秘书长龙永图应印度工商总会邀请，出席了印度工商总会第76届年会并在大会上发言。龙永图详细介绍了博鳌亚洲论坛的发展方向和近期举行的活动，并欢迎印度工商界积极参与论坛活动。

2004年2月20日至23日，应泰华农民银行邀请，博鳌亚洲论坛秘书长龙永图访问泰国并出席泰华农民银行举行的中泰文化交流研讨会。龙永图表示，博鳌亚洲论坛今后将通过推动文化交流来促进亚洲经济发展。

2004年2月26日，博鳌亚洲论坛秘书处与海南省改革发展研究院签署协议，研究院成为论坛智力支持机构。

2004年4月13日，博鳌亚洲论坛与中国经济网在北京联合宣布，论坛2004年年会将首次实现全程网络直播，预计收看直播的人数将达到80万以上。这是我国大型国际会议首次实现全程网络直播。

2004年4月19日，博鳌亚洲论坛秘书长龙永图表示，论坛2004年年会各项筹备工作已基本就绪，将如期于23日至25日在海南博鳌举行。

2004年4月23日至25日，博鳌亚洲论坛第三届年会在博鳌举行，主题为“亚洲寻求共赢：一个向世界开放的亚洲”。中国国家主席胡锦涛出席并发表题为“中国的发展，亚洲的机遇”的主旨演讲。捷克总统克劳斯・瓦科拉夫、柬埔寨首相洪森、巴基斯坦总理米尔・扎法尔贾・马利、美国前总统布什、墨西哥前总统塞迪略以及马来西亚前总理马哈蒂尔等来自近30个国家和地区的约1000名代表与会。年会强调了面向世界讨论亚洲问题，让更多亚洲区域外的知名人士参加论坛的对话和交流。

2004年7月17日至19日，博鳌亚洲论坛与伊朗外交部在伊朗德黑兰联合举行博鳌亚洲论坛能源论坛，论坛的主题是“亚洲的能源发展与合作”。这也是博鳌亚洲论坛第一次在中国以外的国家举办活动。来自17个国家的政府、地区间组织、学术界、大型能源企业的200多名代表和博鳌亚洲论坛会员参加。在为期3天的会议中，来自各国政府、石油界和学术界的代表就“亚洲能源安全和供需合作、能源领域的投资、能源的可持续发展和能源与环境的地区合作”等4个方面的主题进行了深入探讨和分析。与会代表还在能源合作方面表现出了坦率和真诚的愿望。促进油气生产国长期稳定的发展与繁荣、保障油气运输通道的安全通畅及油气价格的安全是石油生产国与石油消费国共同追求的目标，也是二者共同的利益基础。为此，与会代表一致认为，亚洲国家可以在能源投资、能源技术和管理、能源贸易、油气资源开发等方面开展广泛的合作，以促进该地区能源经济的健康发展。

2004年8月22日至24日，博鳌亚洲论坛根据2003年12月发起人会议提议成立的亚洲教育论坛，与联合国教科文组织、国家留学基金委在北京共同主办了“博鳌亚洲论坛亚洲教育论坛”首届年会。会议的主题为“建造亚洲教育的桥梁”，旨在促进亚洲国家的区域性教育合作交流，以及整合该地区教育资源。包括政府官员、国际组织代表、教育界的专家和企业家在内的300多名来自世界各地的代表参加了年会。

2004年8月25日，博鳌亚洲论坛在中国廊坊举办“东北亚国际合作环渤海会议”。

2004 年 9 月 26 日，博鳌亚洲论坛、中国市长协会和南通市人民政府在中国南通共同举办“世界大城市带发展高层论坛”。来自 37 个国家的市长和代表，就大城市在国际化和经济一体化过程中的发展战略和遇到的挑战进行了讨论。

2004 年 11 月 10 日至 12 日，博鳌亚洲论坛与深圳市政府在中国深圳共同主办“博鳌亚洲论坛世界物流大会”。会议的主题是“亚洲联网世界”。来自 14 个国家和地区的 600 多名代表参加。此次会议为参会代表在物流方面相互了解和交换意见提供了平台。

博鳌亚洲论坛 2005 年大事记

2005 年 1 月 27 日，博鳌亚洲论坛、中国红十字会和毕马威公司在北京共同发起并举行了“(印度洋海啸)灾后经济形势和国际合作研讨会”。会议重点讨论印度洋海啸灾后的灾区经济形势，同时对重建工作中的国际合作模式进行了探讨。大约 150 名代表参加了研讨会，包括联合国、世界银行、亚洲开发银行和其他 6 个国际组织的代表、15 个国家和地区的外交官、中国组织和企业的代表。另外，30 名国内外记者参加了会议。

2005 年 4 月 22 日至 24 日，博鳌亚洲论坛第四届年会在海南博鳌举行，年会主题是“亚洲寻求共赢：亚洲的新角色”。中国全国政协主席贾庆林出席并发表题为“推进全面合作，共建和谐繁荣的亚洲”的主旨演讲。马来西亚总理巴达维、澳大利亚总理霍华德、奥地利总理许塞尔、阿富汗副总统哈利利、新加坡内阁资政李光耀、哈萨克斯坦副总理叶西莫夫等 40 多个国家和地区的 1200 多名政界、工商界人士和专家学者出席。

博鳌亚洲论坛和世界银行首次在年会上发表的《亚洲一体化》报告成为论坛对亚洲经济一体化最大的理论贡献。它的研究成果势必成为亚洲各国政府和企业制订发展战略的指导性原则。

2005 年 5 月 17 日至 18 日，由博鳌亚洲论坛主办的“2005 东北亚暨环渤海国际合作论坛”在河北廊坊开幕。论坛以“寻求合作的突破点”为主题，致力于提升环渤海区域竞争力和企业竞争力，以推动区域经济合作跃上新高度。

2005 年 10 月 14 日至 16 日，“2005 亚洲教育北京论坛”在北京开幕。本届论坛由博鳌亚洲论坛、联合国教科文组织（UNESCO）和中国国家留学基金管理委员会联合主办。韩国前总理李寿成、菲律宾前总统拉莫斯、新西兰前总理希普利、波兰前副总理科沃德科等亚洲多国政要和来自亚太 17 国的教育部长、教育部门主管教育的高官和教育官员、著名大学校长、专家学者、国际组织以及教育机构共 1000 余人参加了在人民大会堂隆重举行的开幕式。本次论坛规模大、渠道多、层次高，是一次教育盛会。与会嘉宾就共商亚洲各国教育发展大计，共话“21 世纪亚洲教育发展战略”，通过探讨共同关心的教育话题，寻求扩大教育交流与合作的途径。

2005 年 11 月 9 日至 11 日，由博鳌亚洲论坛、上海合作组织、中国国家开发银行等共同主办的“首届欧亚经济论坛”在陕西西安举行。全国人大常委会委员长吴邦国在会上发表了重要讲话。来自中国、俄罗斯、塔吉克斯坦、哈萨克斯坦等欧亚大陆 10 多个国家的政要、工商界人士、学者和国际组织代表等约 800 多人出席了论坛。论坛就加强欧亚国家在基础设施建设、能源、金融、旅游等领域的合作进行了探讨。塔总理阿基洛夫、俄联邦委员会副主席梅津采夫均在讲话中对欧亚经济论坛在推动地区经济合作方面的作用给予了高度评价。

2005 年 11 月 14 日，博鳌亚洲论坛 2005 国际文化产业论坛在北京启动。全国人大常委会副委员长成思危和美国前总统乔治 · 布什出席了启动仪式。

2005 年 11 月 17 日至 19 日，博鳌亚洲论坛国际文化产业论坛在广东中山举行。这是博鳌亚洲论坛首次举办与文化产业相关的活动。博鳌亚洲论坛理事长、菲律宾前总统拉莫斯，博鳌亚洲论坛理事、澳大利亚前总理鲍勃 · 霍克、新西兰前总理珍妮 · 希普利以及博鳌亚洲论坛秘书长龙永图等出席会议并发表演讲。会议以“价值、发展、创意”为主题，探讨了文化产业同金融资本及其他产业结合的策略和前景。参会人数超过 1000 人。会议期间还举行了“博鳌亚洲论坛中国电影走向世界的杰出贡献奖颁奖典礼”等大型文艺活动。

2005 年 11 月 20 日至 21 日，博鳌亚洲论坛首届企业家峰会在广东深圳举行，会议的主题是“全球视野和国际化挑战”。泰国总理他信，博鳌亚洲论坛理事长、菲律宾前总统拉莫斯，中国政协前副主席陈锦华出席。来自 20 多个国家和地区的 700 多位知名企业的企业家们参加会议并就品牌、创新、能源等问题进行了讨论。

博鳌亚洲论坛 2006 年大事记

2006 年 1 月 9 日，博鳌亚洲论坛 2003 年、2004 年、2005 年年会时用于馈赠世界各国首脑所用的国礼钧窑“天、地、人”——祥瑞瓶、乾坤瓶、华夏瓶系列作品的第一号正式被国家博物馆收藏。

2006 年 2 月 22 日，博鳌亚洲论坛 2006 年年会新闻发布会暨赞助商签约仪式在北京举行。

2006 年 2 月 22 日，博鳌亚洲论坛国际医药产业大会新闻发布会在北京举行。

2006 年 4 月 15 日，博鳌亚洲论坛 2006 年年会指定公务用车东风风行交车仪式在博鳌亚洲论坛主会场外举行。

2006 年 4 月 20 日，博鳌亚洲论坛发布《博鳌亚洲论坛 2006 年度报告》。

2006 年 4 月 21 日，博鳌亚洲论坛 2006 年年会新闻发布会举行。论坛秘书长龙永图介绍说，以色列和新西兰已获论坛理事会和会员大会批准，成为博鳌亚洲论坛的发起成员国。至此，博鳌亚洲论坛发起成员国增加到至 28 个。

2006 年 4 月 22 日至 23 日，博鳌亚洲论坛第五届年会在海南博鳌举行。年会主题为“亚洲寻求共赢：亚洲的新机会”。中国国家副主席曾庆红出席开幕大会并发表“把握亚洲新的机会 共创世界美好未来”的主旨演讲。密克罗尼西亚总统乌鲁塞马尔，斯洛文尼亚总统德尔诺夫舍克，印度尼西亚副总统优素福，论坛理事长、菲律宾前总统拉莫斯以及 A.P. 穆勒 – 马士基首席执行官杰斯 · 苏德伯格出席开幕大会并致辞。开幕式由论坛秘书长龙永图主持。39 个国家和地区的 1400 多名政要、工商界人士和专家学者出席了此次年会。

2006 年 4 月 22 日，博鳌之夜——博鳌亚洲论坛 2006 年年会慈善晚宴举行。晚宴上，论坛将募集到的 100 万元人民币捐赠给了海南省，用来援建该省边远、贫困地区的 5 所贫困学校。

2006 年 4 月 24 日，博鳌亚洲论坛秘书长龙永图在年会闭幕新闻发布会上表示，为企业家提供交流平台是博鳌论坛的价值取向，此次论坛更趋务实。此次年会就多哈回合、亚洲经济一体化、国际能源等问题进行深入讨论，首次举行“我们时代的青年领袖”特别圆桌会议，及“加强两岸经济合作，实现两岸共同繁荣——海峡两岸企业家座谈会”。此次论坛还就普通百姓关注的房地产、汽车等问题进行研讨，研讨范围分类更细，更专业。

2006 年 4 月 26 日至 27 日，博鳌亚洲论坛在中国江苏省泰州市举行国际医药产业大会，主题为：“共创和谐未来：健康与繁荣”。包括哈萨克斯坦前副总统、总理捷列先科，新西兰前总理希普利等逾 500 名政府高官、国际组织代表、世界知名医药企业和协会、专家学者及媒体记者出席会议。

2006 年 11 月 13 日，博鳌亚洲论坛与日本国际交流基金会在日本京都共同举办亚洲文化合作交流研讨会。这是论坛第一次在日本举办会议。逾 200 名代表出席，会议就全球化、文化和亚洲共同价值观等问题进行了热烈讨论，对推动亚洲一体化、促进亚洲各国的相互理解具有积极意义。

2006 年 11 月 24 日至 25 日，为汲取发达国家在发展过程中的经验与教训，促进发展中国家尤其是亚洲国家的可持续发展，博鳌亚洲论坛与广东省深圳市政府联合举办循环经济国际峰会。会议特邀美、英、日、韩等国的循环经济专家和企业领导人到会，与 600 多名代表展开广泛探讨。

博鳌亚洲论坛 2007 年大事记

2007 年 4 月 19 日，博鳌亚洲论坛 2007 年年会理事会在博鳌亚洲论坛国际会议中心召开。

2007 年 4 月 20 日至 22 日，博鳌亚洲论坛第六届年会在海南博鳌召开。中国全国人大常委会委员长吴邦国出席开幕大会并发表题为“开创亚洲和平合作和谐新局面”的主旨演讲。菲律宾总统阿罗约、巴基斯坦总理阿齐兹、微软公司董事长比尔·盖茨出席开幕大会并作主旨演讲。来自36个国家和地区的1410名代表参加年会。其中，境外媒体达78家，创历史纪录。美国《时代》周刊、彭博新闻社及欧洲的《金融时报》等国际主流媒体首次与年会结成媒体合作伙伴。孟加拉乡村银行创始人、2006年诺贝尔和平奖得主尤努斯等一批全球企业领袖到会，显示了博鳌亚洲论坛在全球企业界的影响力。

2007年4月20日，全国人大常委会委员长吴邦国在博鳌分别会见了博鳌亚洲论坛理事会成员、参加论坛年会的中外企业家和演讲嘉宾、与会中外部长、出席海南友城峰会的代表以及博鳌青年论坛代表，并出席了当晚海南省政府举行的欢迎宴会。

2007年4月21日，博鳌亚洲论坛慈善晚宴在博鳌金海岸酒店举行。晚宴共获捐善款80多万元人民币，用于重建2006年受泥石流破坏的一所菲律宾小学和改善中国边远少数民族地区学校。

2007年9月25日至27日，由博鳌亚洲论坛、中国市长协会和江苏省南通市政府共同举办的“第三届世界大城市带发展高层论坛”在南通开幕。来自14个国家20个城市的50余名市长和市长代表，分别就平衡未来发展与古迹保护两者的关系、文化交流等方面发表了见解和看法。会议还通过了《第三届世界大城市带发展高层论坛南通宣言》。

2007年11月6日至7日，博鳌亚洲论坛携手美国《商业周刊》在北京召开第二届企业家峰会。峰会主题为“力争上游：领导才华、创新睿智、卓越表现”。英国前首相布莱尔出席闭幕式并发表主旨演讲。逾600名代表出席峰会。来自印度、东南亚和中东等亚洲其他地区的代表数量有较大增加，约占代表总数的15%。这反映了中东对中国市场的兴趣愈加浓厚。峰会为政经界领导人探讨本地区面临的挑战、寻求解决方案、交流意见和建议提供了一个重要平台。

2007 年 11 月 8 日，“2007 欧亚经济论坛”在西安举行。

2007 年 12 月 7 日至 8 日，博鳌亚洲论坛携手深圳市人民政府在深圳五洲宾馆举办“高端服务业国际峰会”。这是博鳌亚洲论坛首次举办高端服务业会议。会议就国际服务业的发展趋势和中国的机遇、深港国际大都会合作构想与战略等议题进行了广泛而深入的探讨。

博鳌亚洲论坛 2008 年大事记

2008 年 1 月 24 日，博鳌亚洲论坛在北京举行新闻发布会。论坛秘书长龙永图宣布，博鳌亚洲论坛 2008 年年会将于 4 月 11 日至 13 日在中国海南博鳌举行。年会的主题确定为:“绿色亚洲: 在变革中实现共赢”。

2008 年 4 月 12 日，博鳌亚洲论坛 2008 年年会开幕大会在海南省博鳌举行，中国国家主席胡锦涛出席开幕大会并作题为“坚持改革开放 推进合作共赢”的主旨演讲。巴基斯坦总统穆沙拉夫、蒙古总统恩赫巴亚尔、斯里兰卡总统拉贾帕克萨、坦桑尼亚总统基奎特、智利总统巴切莱特、汤加国王图普五世、瑞典首相赖因费尔特、哈萨克斯坦总理马西莫夫、澳大利亚总理陆克文等 9 个国家和政府领导人出席并发表讲话。博鳌亚洲论坛理事长拉莫斯在博鳌亚洲论坛 2008 年年会开幕式上致欢迎词。来自亚洲和世界其他地区的 1700 多名政府官员、企业代表、学术专家和媒体记者参加。

2008 年 4 月 13 日，博鳌亚洲论坛慈善晚宴暨文艺晚会晚 7 时在博鳌海南索菲特酒店举行，晚宴共募获捐善款 100 万元人民币。晚宴开始后，大屏幕播放了贵州省印江县彬树乡马对小学的介绍片。在2008年春节前后的中国南方的雨雪冰冻灾害中，马对小学受到了很大影响，这100万元捐款将用于改善该学校校舍条件。博鳌亚洲论坛自2005年开始发起慈善活动以来，3年中共捐助了320万元人民币给中外6所贫困地区的学校重建校舍。

2008年6月2日，博鳌亚洲论坛秘书处决定将2007年慈善基金中剩余的10万元人民币捐款用于四川地震抢险救灾。博鳌亚洲论坛秘书处还将在今后利用慈善基金支持帮助四川受灾地区学校的灾后重建工作。此外，博鳌亚洲论坛秘书处全体员工也已自发为灾区人民捐款，并通过灾区的志愿者购买目前灾区最需要的物品，及时送到灾区人民手中。

2008年6月3日至5日，博鳌亚洲论坛国际资本峰会在英国伦敦举行，这是论坛第一次在亚洲之外举行大规模国际会议。

2008年11月1日至2日，博鳌亚洲论坛与中国红十字会、李连杰壹基金在北京共同举办“中国全球公益慈善论坛”。该活动旨在超越文化、种族和区域隔阂，为致力于全球慈善事业的领袖们提供一个高层对话和合作的平台。来自政府、企业、非政府组织、慈善组织、国际组织和研究机构的700多名代表出席。

博鳌亚洲论坛2009年大事记

2009年1月7日，博鳌亚洲论坛秘书长龙永图在北京举行的新闻发布会上宣布，博鳌亚洲论坛2009年年会将于4月17日至19日在博鳌举行。年会的主题确定为：“经济危机与亚洲：挑战与展望”。

2009年4月16日，博鳌亚洲论坛理事会会议在索菲特大酒店国际会议中心举行。论坛理事会 12 名成员出席并一致表决同意中国国务院前副总理、博鳌亚洲论坛中方首席代表曾培炎当选论坛理事会第 13 位成员和副理事长。

2009 年 4 月 17 日至 19 日，博鳌亚洲论坛在海南博鳌举行第八届年会，年会以“经济危机与亚洲：挑战和展望”为主题。中国国务院总理温家宝在开幕式上发表了“增强信心　深化合作　实现共赢”的主题演讲。论坛理事长、菲律宾前总统费德尔·拉莫斯在本届年会上倡言：“不要让邻居倒下。”作为国际金融危机爆发后首次探讨亚洲区域性合作的盛会，此次年会除了在各项议题上与以往不同外，节俭办会以及多元化的活动形式更成为年会的亮点。年会首次举行了主题为“亚洲的下一个优势”电视辩论会和博鳌亚洲当代艺术精品展。由海南省政府主办的“金融危机下的国际旅游业”分论坛，“海南元素”浓厚。哈萨克斯坦共和国总统纳扎尔巴耶夫、巴基斯坦伊斯兰共和国总统阿西夫·阿里·扎尔达里、巴布亚新几内亚总理迈克尔·托马斯·索马雷、阿尔巴尼亚总理萨利·贝里沙、蒙古国总理桑加·巴亚尔、越南社会主义共和国总理阮晋勇、新西兰总理约翰·基、缅甸总理登盛、伊朗第一副总统达乌迪、芬兰总理万哈宁等 1800 余名各国政要、商界领袖、专家学者和媒体人士齐聚中国海南，凝聚共识、点燃希望。

2009 年 7 月 30 日，博鳌亚洲论坛在北京举行小型记者招待会。

2009 年 9 月 15 日至 16 日，博鳌亚洲论坛国际资本峰会在伦敦威斯敏斯特中央大厅举行。来自约 80 家中国企业及 70 家西方企业的 340 位嘉宾代表出席。67 位欧美专家以及中国高层决策者和商界领袖在此次峰会上发言。在为期两天的会议中，与会代表共同讨论了中国商界领袖如何与西方金融服务公司共同努力推动世界经济的增长。英国前首相布莱尔先生与英国第一国务大臣，商务、创新和技能部部长曼德尔森爵士出席了会议举行的贵宾欢迎晚宴。

2009年9月27日，由全国32家报网主流媒体联合评选的“大国印记：1949—2009中国60大地标”在北京揭晓。海南省的“博鳌亚洲论坛”以37万多票从300多个候选地标中脱颖而出，成为中国60大地标之一。

2009年12月7日，由博鳌亚洲论坛与香港菁英会合作举办的“2009博鳌青年论坛（香港）”在香港开幕。这是博鳌亚洲论坛首次把青年分论坛放在博鳌之外的地区举办，也是第二次在香港举办主题论坛。来自中国内地和香港的约800名青年代表，围绕“金融危机下的中国外交、经济和文化”这一主题，进行了广泛、深入的探讨。

博鳌亚洲论坛2010年大事记

2010年2月2日，博鳌亚洲论坛在北京举行新闻发布会，宣布论坛2010年年会将于4月9日至11日在中国海南博鳌举行。这将是中国—东盟自由贸易区自2010年1月1日正式全面启动以来，亚洲地区各国政经要员、意见领袖广泛参与的首次大型多边对话。

2010年4月8日，博鳌亚洲论坛会员大会举行。根据博鳌亚洲论坛理事会会议对论坛章程的修改，论坛理事的任期不能超过两届，因此一些已连任两期的理事将终止任期。经过理事会3个月的讨论和征求意见，新选出的9位理事分别为：马来西亚前总理巴达维、俄罗斯前总理切尔诺梅尔金、日本前首相福田康夫、新加坡前总理国务资政吴作栋、利丰集团主席冯国经、海南省副省长姜斯宪、美国前财政部长亨利·鲍尔森、法国前总理拉法兰和三菱商事株式会社会长佐佐木干夫。这9位理事提名得到博鳌亚洲论坛会员一致通过。

2010年4月9日，博鳌亚洲论坛2009年度报告发布。论坛与中国社会科学院世界经济与政治研究所首次合作推出新兴经济体发展年度报告——《博鳌亚洲论坛新兴经济体发展2009年度报告》。报告第一次将新兴经济体作为一个整体进行研究，特别是在20国集团中选择了其中最具代表性的11个新兴经济体作为研究对象，首次提出了“E11”（新兴经济体11国）的概念，从而使新兴经济体研究有了相对固定的研究范围和研究对象。

2010年4月9日至11日，博鳌亚洲论坛第九届年会在博鳌举行，主题是“绿色复苏：亚洲可持续发展的现实选择”。中国国家副主席习近平出席开幕大会并发表题为“携手推进亚洲绿色发展和可持续发展”的主旨演讲。老挝国家主席朱马里、丹麦首相拉斯穆森、蒙古总理巴特包勒德、伊朗第一副总统拉希米、阿富汗副总统哈利利、东帝汶副总理古特雷斯、柬埔寨国务大臣兼计划部大臣蔡唐、新加坡国务资政吴作栋出席开幕大会并致辞。日本前首相福田康夫、马来西亚前总理巴达维、巴基斯坦前总理阿齐兹、菲律宾前总统拉莫斯、澳大利亚前总理霍克、哈萨克斯坦前总理捷列先科、美国前财长鲍尔森等前政要也应邀与会。来自32个国家和地区的2000多位政要、企业代表、专家学者和媒体参加。

2010年7月8日，中国前驻美国大使周文重就任博鳌亚洲论坛秘书长。根据论坛章程，2010年4月博鳌亚洲论坛年会期间进行了论坛理事会换届。经会员大会选举，产生了9名新的理事。日本前首相福田康夫出任新一届理事长，任命周文重大使为秘书长。新一届理事会共有15位成员：日本前首相福田康夫（理事长）、中国前副总理曾培炎（副理事长）、沙特基础工业公司首席执行官阿尔玛迪、马来西亚前总理巴达维、俄罗斯前总理维克多·切尔诺梅尔金、韩国SK集团董事长崔泰源，香港利丰集团主席、国际商会主席冯国经，新加坡前总理、内阁资政吴作栋，海南省副省长姜斯宪、印度工商会秘书长米特拉、美国前财政部长鲍尔森、法国前总理拉法兰、三菱商事会长佐佐木干夫、瑞典爱立信董事长泰斯库以及秘书长周文重。

2010年9月26日，博鳌亚洲论坛通过巴基斯坦驻华使馆向巴基斯坦“2010总理洪水救济基金”捐款5万人民币。

2010年10月27日，博鳌亚洲论坛在北京贵宾楼饭店举办会员俱乐部活动，以“解读中国成为第二大经济体”为主题，邀请嘉宾与会员进行对话和交流。

2010年11月2日，博鳌亚洲论坛与美中贸易全国委员会在北京东方君悦酒店共同举办“中美企业家对话会”。对话由论坛秘书长周文重和美中贸易全国委员会董事会主席Muhtar Kent联合主持。中美企业家们就两国经济前景及全球经济复苏、人民币汇率、中美投资环境及企业面临的挑战、全球化背景下的企业创新等双方共同关心的话题展开了积极坦诚的探讨，并就共同促进中美经贸合作健康发展、反对贸易保护主义等诸多问题取得共识。此次活动为博鳌亚洲论坛与美中贸易全国委员会的首次合作。双方对此次对话的成果表示满意，并商定未来将展开进一步合作。

2010年11月26日，由博鳌亚洲论坛与香港菁英会共同主办的博鳌青年论坛（香港）在香港会议展览中心举行。青年论坛的主题为“复苏中亚洲发展的机遇和挑战”，旨在探讨亚洲在未来全球化中的重要战略地位与角色、广大青年所肩负的历史使命、如何为亚洲的发展和进步发挥智慧和创造力。青年论坛从可持续发展、文化产业及亚洲金融三个角度剖析未来亚洲发展的机遇与挑战。大会邀请了15位来自亚太区的知名学者、官员、企业家及专家担任演讲嘉宾。来自亚太地区的政要、商界、学术精英以及1800多名青年代表，连同当地及国外50多家媒体参会。

2010年12月8日至9日，在亚洲开发银行的大力倡导，博鳌亚洲论坛的积极响应，中国商务部的鼎力支持，以及对外经济贸易大学的大力组织下，由博鳌亚洲论坛、亚洲开发银行共同主办的“亚洲FTA（自由贸易协定）论坛：前景与挑战”，在北京国贸大酒店举行。本次论坛下设8个分论坛，议题涉及亚洲FTA概况、中国的FTA战略、多边FTA与WTO、FTA的政治因素、FTA前景、贸易便利化、投资自由化、服务贸易。

博鳌亚洲论坛2011年大事记

2011年1月6日，博鳌亚洲论坛秘书长周文重在北京举行新闻发布会，宣布论坛2011年年会将于4月14日至16日在博鳌召开，主题是“包容性发展：共同议程与全新挑战”。

2011年2月25日，博鳌亚洲论坛秘书处通过新西兰驻华使馆向新西兰地震灾区捐款人民币5万元。

2011年3月23日，博鳌亚洲论坛秘书处向中国红十字会总会捐款5万人民币，用于帮助日本赈灾救援。

2011年4月6日，博鳌亚洲论坛2011年会暨年度报告新闻发布会在北京世纪财富中心召开。

2011年4月14日至16日，博鳌亚洲论坛第10届年会在博鳌举行，主题是："包容性发展：共同议程与全新挑战"。中国国家主席胡锦涛出席开幕式并发表题为"推动共同发展 共建和谐亚洲"的主旨演讲。俄罗斯总统梅德韦杰夫、巴西总统罗塞芙、南非总统祖马、韩国总理金滉植、西班牙首相萨帕特罗和乌克兰总理阿扎罗夫出席开幕式并致辞。本届年会共举行27场分会，50余场活动，其中围绕博鳌亚洲论坛10周年的系列庆典活动尤其引人注目。本届年会成为博鳌亚洲论坛成立以来参会人数最多、参会国家和地区最广的一次盛会。参会代表人数达到2474人，与会代表来自亚洲、欧洲、南北美洲、大洋洲以及非洲，涵盖了商界、学界，以及政界等广泛的领域。

2011年7月11日至12日，博鳌亚洲论坛在澳大利亚珀斯召开博鳌亚洲论坛珀斯会议。此次会议由博鳌亚洲论坛与西澳大利亚州政府共同举办，主题为"资源、环境、发展"。珀斯会议是博鳌亚洲论坛首次在澳大利亚举办会议，也是继2004年伊朗能源会议后，再次在中国以外举行能源类的论坛。

2011年8月27日至28日，由国家林业局、黑龙江省人民政府和博鳌亚洲论坛研究院共同主办的"第二届东北亚生态（伊春）论坛"在黑龙江省伊春市召开。国际气候变化研究中心、FAO粮农组织、中国绿色碳汇基金会的项目官员与专家，以及来自中日韩多国相关领域专家学者、企业家及媒体约200人参会。与会代表围绕积极推动政府生态保护政策的建立与完善，大力发展低碳经济，推行有利于资源节约、环境保护的绿色生产、消费和生活方式，加强生态文化建设，促进人与自然的和谐发展等重大问题进行深入讨论和研究。绿色、低碳、环保一直是博鳌亚洲论坛密切关注的主题，论坛曾以"绿色复苏：亚洲可持续发展的现实选择"作为2010年年会主题，也曾在历届年会分论坛中专门设置生态、环保议题。与会者提出，亚洲是碳排放大洲，亚洲国家在转型为新的绿色发展模式的同时，应越来越关注森林生态保护建设。这是博鳌亚洲论坛研究院首次参与主办东北亚生态论坛。

2011 年 9 月 15 日，由博鳌亚洲论坛和香港菁英会共同主办的“2011 博鳌青年论坛（香港）”在香港会议展览中心隆重举行。这是博鳌亚洲论坛与香港菁英会合作举办的第三届青年论坛，主题为“转型中的亚洲经济与社会：青年人的使命和角色”，30 位演讲嘉宾围绕主题发表了精彩演讲。与会人员就亚洲文化创意产业、互联网的未来、教育体制改革及经济可持续发展四个方面的议题进行探讨。来自亚太地区的学者、官员、企业精英、专家及青年代表等共 1500 余人出席会议。

2011 年 11 月 1 日，博鳌亚洲论坛携手美中贸易全国委员会在北京东方君悦酒店举办第二次中美企业家高峰对话活动。中美企业家就两国经济前景及全球经济复苏、两国投资环境及企业面临的挑战、如何推动消除投资壁垒、全球化背景下的企业创新及优秀案例等双方共同关心的话题展开了积极坦诚的探讨，并就共同促进中美经贸合作健康发展、反对贸易保护主义等诸多问题取得共识。这是自 2010 年双方首次合作后举办的第二次对话会，旨在为中美企业界搭建高端对话平台，让中美两国企业家通过面对面的交流，更清晰地判断和把握全球经济增长及两国投资环境的中长期趋势，促进两国企业界深化合作，实现互利共赢。

2011 年 11 月 5 日，博鳌亚洲论坛在山东青岛举办国际资际能源资源青岛圆桌会议。来自主要能源供需方和国际组织的政府官员、企业领袖和专家学者 50 余人经过一天的圆桌会议讨论，对全球能源、资源的中长期走势进行了综合评估，并探讨了在博鳌亚洲论坛平台上建立全球能源、资源对话平台的可行性及后续行动。

2011 年 11 月 22 日至 24 日，博鳌亚洲论坛国际资本会议在法国巴黎举行。国际资本会议吸引了众多欧洲实业公司以及金融、咨询、律师、审计、公关等专业服务企业的高级代表以及学术和媒体界代表。

博鳌亚洲论坛 2012 年大事记

2012 年 1 月 5 日，博鳌亚洲论坛秘书处在北京举行新闻发布会。周文重秘书长宣布，博鳌亚洲论坛 2012 年年会将于 4 月 1 日到 4 月 3 日在中国海南博鳌召开，主题为“变革世界中的亚洲：迈向健康与可持续发展”。在为期三天的会议中，与会代表将根据这一主题，围绕三条主线展开讨论，一是探究世界经济不确定性的根源，二是寻求变革与转型，三是创新与亚洲的可持续发展。

2012 年 3 月 21 日，博鳌亚洲论坛秘书长周文重在北京举行的新闻发布会上宣布，博鳌亚洲论坛 2012 年的三本年度报告于今日正式发表，分别是《亚洲经济一体化进程 2012 年度报告》、《新兴经济体发展 2012 年度报告》、《亚洲经济体竞争力 2012 年度报告》。

2012 年 3 月 31 日下午，中国国务院副总理李克强在海南博鳌会见出席博鳌亚洲论坛 2012 年年会的论坛理事会成员和咨询委员会成员。李克强对论坛各项工作开展顺利，国际影响力和知名度日益提升表示祝贺。他说，本届年会将围绕变革世界中的亚洲、寻求亚洲健康与可持续发展之路，集思广益，凝聚共识，这有利于促进亚洲共同发展，推动亚洲同世界其他地区的合作。

李克强表示，希望本次论坛围绕亚洲和新兴经济体面临的重大和迫切问题进行研究和交流，提供更多有针对性的“博鳌观点”、“博鳌方案”。

中国作为东道国，愿与有关各方一道，继续为论坛发展提供支持和帮助。

论坛理事会成员和咨询委员会成员们表示，亚洲在世界的地位和作用日益重要，愿继续努力办好论坛，进一步扩大论坛的影响力，凝结各方智慧，为亚洲和世界发展贡献更多力量。

2012 年 3 月 31 日下午，博鳌亚洲论坛召开理事会会议。理事长、日本前首相福田康夫主持会议，副理事长曾培炎等共 14 名理事和理事代表出席，其中包括马来西亚前总理巴达维、新加坡荣誉国务资政吴作栋、法国前总理拉法兰、美国前财政部长鲍尔森等知名政治家和企业家。理事会会议结束后，博鳌亚洲论坛会员大会召开，讨论并通过了秘书长报告和理事会决议。

2012 年 3 月 31 日，博鳌亚洲论坛理事会通过决议，全文如下：2010 年理事会及会员大会通过了论坛新的章程。博鳌亚洲论坛理事会同意根据东道国民政部意见对博鳌亚洲论坛章程进行相应修改。另外，博鳌亚洲论坛理事会还通过决议同意迈克尔·泰斯库辞去理事职务，并邀请其卸任理事后出任博鳌亚洲论坛咨询委员会委员；同意爱立信董事长雷夫·约翰森和俄罗斯工商会主席卡特林为理事。

2012 年 3 月 31 日，博鳌亚洲论坛会员大会召开期间，论坛秘书长周文重宣布，由博鳌亚洲论坛与贵阳日报传媒集团联合主办的高端经济评论类杂志《博鳌观察》（Boao Review）正式启动。《博鳌观察》是面向亚太及区内相关经济体的一本高端经济评论类杂志。它将立足亚洲，重视并高效运用博鳌亚洲论坛的智力资源，以国际视野分享思想、记录变迁。《博鳌观察》将重点关注亚太地区及世界经济、科技、环境、教育、文化等话题及领域。办刊的宗旨是：倡导“观点的价值与力量”——以生产有价值的思想，影响政商各领域决策者，致力于成为推动亚洲变革与进步的重要媒体平台。周文重表示，该杂志将以英文、中文两个版本于2012年5月起正式全球发行。

2012年4月1日至3日，博鳌亚洲论坛第十一届年会在博鳌举行，主题是“变革世界中的亚洲：迈向健康与可持续发展”。中国国务院副总理李克强出席开幕式并作了题为“凝聚共识 促进亚洲健康可持续发展”的主旨演讲。论坛理事长福田康夫代表主办方致欢迎词。意大利共和国总理马里奥·蒙蒂、哈萨克斯坦共和国总理卡里姆·马西莫夫、巴基斯坦伊斯兰共和国总理赛义德·尤素夫·拉扎·吉拉尼分别作了主旨演讲。伊朗伊斯兰共和国副总统穆罕默德·贾瓦德·穆罕默迪扎德、泰国副总理吉迪拉·纳·拉农、越南副总理黄忠海出席了开幕式。开幕式由博鳌亚洲论坛秘书长周文重主持。来自39个国家和地区的2000多名中外嘉宾和代表积极参与各场活动。

2012年6月26日，应美中贸易全国委员会的邀请，博鳌亚洲论坛在北京东方君悦酒店举办第三次中美企业家对话活动。博鳌亚洲论坛秘书长周文重和美中贸易全国委员会董事会主席麦睿博联合主持对话。活动邀请近20名中美各行业知名企业的董事长及首席执行官出席。双方企业家就中美经济前景、中美投资环境变化、如何推动消除投资壁垒、美国大选、中国民间资本行业准入以及国企改革等议题进行广泛和建设性的讨论。双方企业家一致认为，这种小范围、高规格的闭门对话形式，既有一定的行业代表性，涉及中美经贸关系的诸多领域，又能切中双边贸易与投资中重大而突出的问题，坦率而深入地进行剖析，讨论富有实质性和前瞻性。

2012年6月27日，博鳌亚洲论坛在北京嘉里大酒店举办庆祝《博鳌观察》（Boao Review）杂志创刊招待会。论坛秘书长周文重祝贺《博鳌观察》创刊并表示，希望《博鳌观察》能够以理性而权威的言论和声音，弘扬亚洲精神，发出亚洲声音，探索适合亚洲的发展道路。希望《博鳌观察》能够推动全球经济治理，启发思路，凝聚共识，促进亚洲及世界各经济体间的合作、共赢与发展。《博鳌观察》是论坛唯一官方刊物，将作为季刊于 2012 年 7 月以中、英双语在全球发行。

2012 年 7 月 5 日至 6 日，应博鳌亚洲论坛理事长、日本前首相福田康夫邀请，博鳌亚洲论坛中日企业家交流会在日本横滨洲际大酒店举行。论坛副理事长、中国国务院前副总理曾培炎率中国企业家代表团出席并致辞。中日两国近 60 位企业界人士参加。中日企业家围绕“新形势下推动中日经贸转型升级”这一主题，就“中日贸易投资关系现状与展望”、“亚洲经济一体化与中日企业家的作用”、“中日资源能源与创新合作”和“企业并购——双赢的选择”4 个议题进行了深入探讨、充分地交换了意见。

2012 年 11 月 26 日至 27 日，应印度工商联合会邀请并经论坛理事会批准，博鳌亚洲论坛和印度工商联合会在印度孟买共同举办亚洲金融合作会议。会议的主题是“开放的亚洲、开放的金融”。500 多位亚洲银行、保险和金融业界的政府官员、监管机构和企业领袖出席会议，共同探讨如何寻求创新、开放和监管的亚洲式平衡。代表们就全球经济形势和亚洲转型，互联互通与基础设施融资，货币互换与汇率协调机制，自贸区建设与亚洲经济一体化，能源、资源、金融对话，亚洲金融机构的合作等议题展开探讨并深入交换意见。这是论坛首次在印度召开国际会议。此次金融会议的重点是合作。无论是 1997 年的亚洲金融风暴，还是 2008 年的全球金融危机，都彰显了合作的必要性与迫切性。世界对亚洲寄予厚望，亚洲自身应通过紧密地协调与合作，为世界做出更大贡献。

博鳌亚洲论坛2013年大事记

2013年1月1日，博鳌亚洲论坛会员电子刊物《博鳌通讯》（中英文）及《亚洲经济周报》（中英文）诞生。论坛秘书处将为其会员、合作伙伴及相关人士每月发送一次《博鳌通讯》，每周发送一次《亚洲经济周报》。

2013年1月16日至18日，以“坚守、创新与超越：中小企业的现状和未来发展”为主题的博鳌亚洲论坛2013中小企业发展论坛在海南博鳌落BFA大酒店举行。本次论坛受到了亚洲内外企业界的广泛关注，参会嘉宾达200人；正式代表近千人，其中中小企业代表报名踊跃，参会人数达600人，成为本次论坛的参与主体。与会中小企业家，来自欧美、亚洲的不同国家，背景不同、经历各异。论坛设置了20余场分论坛和主题活动，高度聚焦新经济形势，为中小企业家参与对话、增进了解、碰撞观点、分享案例、促进合作、谋求发展提供了有效而扎实的平台。本次论坛，与会代表强调了中小企业在经济和社会发展中的重要作用，分析了中小企业所面临的困境，并从自身角度对中小企业和有关方面提出了看法和建议。

2013年1月23日，博鳌亚洲论坛秘书处在京召开新闻发布会，周文重秘书长宣布，博鳌亚洲论坛2013年年会将于4月6日至8日在中国海南博鳌召开，主题为“革新、责任、合作：亚洲寻求共同发展”。

周文重秘书长指出，今年是博鳌亚洲论坛第12届年会，论坛将邀请包括中国国家领导人在内的10余位亚洲和世界其他地区国家元首、政府首脑以及国际货币基金组织总裁等8位国际组织负责人出席本届年会。预计届时将有约2000名来自世界各国的政府、工商界和学术界代表以及新闻媒体负责人、记者出席本届年会，会议规格和规模将超过以往11届年会。

周文重表示，进一步加强区域合作，更高程度的经济一体化，是推动亚洲各国经济发展的重要途径。正是基于这一信念和使命感，论坛成立以来，历届年会均以发展为主线，以合作为基调，以共赢为目标。

进入2013年，世界经济前景依然不容乐观，各主要经济体的变革道路并不平坦。金融危机最艰难时刻激出的“同舟共济”精神，时时受到保护主义等不和谐声音的干扰而被弱化。有鉴于此，论坛有必要重申和大力弘扬“亚洲寻求共赢”的精神，寻找利益的共同点和汇合点，超越分歧，共同发展。基于这一考虑，经广泛征求意见和反复论证，2013年年会的主题确定为“革新、责任、合作：亚洲寻求共同发展”。

周文重介绍了会议的总体设想和筹备情况。他说，围绕着“革新”、“责任”和“合作”三个关键字，年会将设置51场形式多样的讨论会议，内容涵盖对不同区域和不同行业发展路线的反思、改革、转型和创新，倡导加强政府决策者、企业经营者和个人在共同发展道路上的责任感，并积极推动各层次、各领域的经济合作。

企业方面表现出很高的参会热情。现已有相当数量的财富五百强跨国公司、亚洲/新兴经济体的行业领军企业和优秀中小企业的领军者应邀与会。

此外，诺贝尔经济学奖得主以及国际著名影视、文化和宗教领域的知名人士将应邀出席论坛年会。

2013年4月5日晚8时，博鳌亚洲论坛2013年第二次会员俱乐部活动在海南博鳌、论坛年会现场举行。共170多位亚洲企业家参与“六问”活动，其中包括60余位博鳌亚洲论坛会员，活动由微软公司全球资深副总裁张亚勤主持。

2013年4月6日至8日，博鳌亚洲论坛2013年年会在海南博鳌举行，盛况空前。年会的主题是：革新、责任、合作——亚洲寻求共同发展。1600多位亚洲和世界各地代表、近1200位记者与会。多国领导人高规格出席，是本届年会的一大特色。中国国家主席习近平、10位外国总统总理、2位议长出席年会开幕式并发表演讲。国际货币基金组织总裁拉加德等6位国际组织负责人、60多位中外部长、20位世界级科学家和经济学家，以及众多艺术家和社会知名人士出席。72位世界五百强企业领导人参加。

根据话题和代表兴趣不同，本届年会共安排了53场分会、圆桌会议、闭门讨论、电视辩论等。代表们普遍反映，本届年会的讨论形式互动更强，气氛更加坦率、务实。

2013年4月7日，中国国家主席习近平在海南博鳌会见博鳌亚洲论坛第四届理事会成员。

习近平表示，博鳌亚洲论坛已成为全球具有重要影响的经济论坛之一。我代表中国政府，对论坛取得的成就表示祝贺，预祝本届年会取得成功。

习近平指出，当前，世界经济仍处于深度调整之中，相对而言，亚洲国家经济发展较好，但也难以完全摆脱外部经济不利影响。本次年会以“革新、责任、合作：亚洲寻求共同发展”为主题，指明了亚洲发展方向，把准了亚洲发展脉搏，有助于集思广益、凝聚共识。期待各位在讨论中发表真知灼见，积极建言献策。希望论坛继续坚守宗旨，聚焦亚洲和新兴经济体发展面临的重大和迫切问题，推进亚洲经济一体化，服务新兴经济体发展，培育以平等交流、互鉴互惠、合作共赢为核心的“博鳌特色”，为推动地区团结合作、促进共同发展作出更大贡献。中方将继续为论坛发展提供支持和帮助。

习近平强调，中国确定了“两个一百年”的奋斗目标，中国内外方针政策都要服从和服务于实现这个目标。我们将集中精力把自己事情办好，同时处理好同外部世界关系。中国坚持走和平发展、互利共赢的道路，中国经济发展对世界是利好消息。中国越发展，对亚洲和世界和平与发展越有利。

博鳌亚洲论坛理事长、日本前首相福田康夫代表理事会成员感谢习近平出席论坛年会、感谢中国政府对论坛的支持。福田表示，论坛国际知名度日益提高，出席人数逐年上升。论坛将不断致力于推动亚洲和世界其他地区的经济发展。

当天，习近平主席还先后会见了论坛咨询委员会成员、外国部长和企业家代表，香港特别行政区行政长官梁振英、澳门特别行政区行政长官崔世安及港澳企业家代表，青年领导人圆桌会议代表，华商圆桌会议代表，主要演讲嘉宾代表和日本企业家代表。

2013 年 4 月 8 日，中国国家主席习近平同出席博鳌亚洲论坛 2013 年年会的中外企业家代表座谈。30 多位中外企业负责人参加了座谈会，其中 6 位代表发言。企业家发言后，习近平谈及中国经济前景。习近平说，中国发展形势总的是好的。中国在今后相当长时期仍处于发展上升期。经过我们努力，经济增速完全有可能继续保持较高水平。

习近平强调，中国市场环境是公平的。所有在中国内地注册企业，都是中国经济重要组成部分。我们将坚持社会主义市场经济方向不动摇，继续加强法治建设，积极改善投资环境，努力实现各类企业依法平等使用生产要素、公平参与市场竞争、同等受到法律保护，把中国市场环境建设得更加公平、更富有吸引力。我们利用外资政策不会变，依法保障外商投资企业合法权益。

习近平表示，中国开放的大门不会关上。希望外国的大门也对中国投资者进一步敞开。我们坚决反对任何形式的保护主义，积极推动建立均衡、共赢、关注发展的多边经贸体制。

习近平指出，中国发展是惠及世界的。中国的发展首先惠及邻国。2012 年，中国前往东亚和南亚国家的游客达 1576 万人次。中国对亚洲经济增长作出了重要贡献。未来 5 年，中国需要进口 10 万亿美元左右的商品，对外投资也将持续较快增长，我们正大力推动同周边国家的互联互通，所有这些举措都将为本地区和全球经济增长作出更大贡献。

习近平表示，中国坚持改革开放的决心坚定不移，政策将更加完善。我们将不断提高服务能力和水平，为各国企业家在中国投资兴业提供更好环境和条件。

2013 年 4 月 8 日，博鳌亚洲论坛副理事长、中方首席代表曾培炎出席论坛年会并在“全球复苏与亚洲的共同发展”分论坛上发表主旨演讲。他提出“亚洲基础设施合作倡议”（Asia Infrastructure Cooperation Initiative，AICI）并建议为此建立专门的多边投融资机构。各方对此反应积极，形成一定共识。

有关人士高度评价博鳌亚洲论坛近年来取得的成就和对促进亚洲区域合作以及与域外国家交流的贡献，并对论坛 2013 年年会成功举行表示祝贺。吉拉德总理感谢论坛在促进澳大利亚与亚洲国家之间合作所做出的积极努力，并欢迎论坛适时再度赴澳办会，表示澳联邦政府愿予以积极支持。李在镕理事表示他担任论坛理事后，将积极推动韩国工商界参与论坛活动。拉加德等国际组织负责人表示今后愿加强与博鳌亚洲论坛的交流合作。周秘书长还与盖茨和索罗斯分别就当前国际和地区经济形势交换了意见。

2013年5月15日，博鳌亚洲论坛秘书处牵头建立“博鳌媒体圈”。媒体圈旨在为媒体朋友提供一个分享知识、交流信息、拓展业务、体验生活、结交善友的非营利平台。媒体圈由长期支持论坛发展的媒体伙伴和部分友好单位的媒体负责人组成。针对成员的兴趣和需要，不定期地通过开展各种活动，希望达到拓展视野、丰富体验、增进友谊、聚集正能量的目的。

2013年6月20日，博鳌亚洲论坛亚洲自贸协定论坛2013在山东省即墨市维景国际大酒店举行，会期一天。本次论坛由博鳌亚洲论坛和山东省青岛市政府共同主办，得到了商务部、外交部的大力支持。协办单位包括亚洲开发银行、亚洲开发银行研究所和对外经贸大学。

本次论坛设有4个议题：“亚洲的生产网络与自由贸易协定”，“区域经济监测”，“区域全面经济伙伴关系（RCEP）和世贸组织”和“次区域合作计划：基础设施、贸易和投资”。约200人出席论坛，包括演讲嘉宾24名、参会嘉宾47名。在一天的会议中，与会代表围绕四个议题就亚太地区的自贸区建设情况、世贸组织如何更好发挥积极作用、加强亚洲基础设施建设、实现互联互通、当前已有的自贸协定的局限性、中日韩自贸区建设、RCEP、TPP、TTIP、青岛在自贸区建设过程中所做出的积极努力等进行了探讨。

2013年6月21日，博鳌亚洲论坛在山东即墨市举办了本年度第三次会员俱乐部活动，通过走访并了解青岛即墨蓝色硅谷开发区，协助会员拓展商机。会员实地参观了即墨当地的汽车产业新城和蓝色硅谷展览馆，并与即墨市负责人就蓝色硅谷地区的在建项目和未来规划展开座谈。即墨市副市长孙明明陪同参观并在随后的介绍会中向出席代表介绍即墨市情况。出席此次会员活动的会员同时受邀参加了 6 月 20 日在即墨维景国际大酒店举办的博鳌亚洲论坛“亚洲自贸协定论坛 2013”。30 多位会员代表及与会嘉宾出席了此次会员活动。

2013 年 8 月 27 日至 28 日，由博鳌亚洲论坛研究院、国家林业局、黑龙江省人民政府共同主办的以“生态文明与绿色发展”为主题的第三届东北亚论坛在黑龙江省伊春市举行。来自中国各地的专家学者及国际组织代表出席了论坛并围绕林业与生态文明建设、中国东北及东北亚地区生态、民生现状及林区发展和绿色发展道路的选择与国际借鉴等议题进行了探讨。

2013 年 8 月 30 日，周文重秘书长会见太平洋经济合作理事会主席优素夫·瓦南迪，就双方定于 2013 年 10 月 3 日在印度尼西亚巴厘岛共同举办的“亚太基础设施互联互通专题研讨会”事宜深入交换意见。双方还一致同意在博鳌亚洲论坛 2014 年年会上继续合作举办亚洲互联互通专题分会。

2013 年 9 月 9 日，由博鳌亚洲论坛和香港菁英会共同主办的“2013 博鳌青年论坛（香港）”（以下简称青年论坛）在香港会议展览中心举行。来自中国、新加坡、泰国、印度、美国等经济体和国际组织的 50 多位政、经、商、文化领袖及专家学者、青年团体精英、大专院校及高中师生、香港社会公众近 2500 名出席开幕式及全天分论坛的讨论。

本届论坛共设四个分论坛，分别是：“全球不确定性中的亚洲经济趋势”、“教育与就业：创新亚洲时代的教育投入与产出——教育专家与学生的对话”、“亚洲文化的兴盛：民族 Style 与国际 Style”以及“机遇与挑战：亚洲经济转型与香港经济的未来”。四个分论坛共邀请到 22 位嘉宾参与讨论和对话。全天活动共邀请了 5 位国内外著名主持人主持。

青年论坛现场活泼、热烈。

2013年9月10日下午，博鳌亚洲论坛2013年第四次会员俱乐部活动在中国人民友好协会6号楼举行。2006年诺贝尔经济学奖得主菲尔普斯教授，与中国著名的经济学家张维迎教授应邀出席了题为“创新：繁荣的根源，增长的动力——张维迎对话菲尔普斯”的活动。在1小时30分钟的活动里，中美两代经济学家共同探讨了19世纪西方前所未有的大繁荣为何在20世纪几近消失、国家兴盛富足的原因、为何繁荣的根源如今却面临挑战，以及中国如何成为充满创新活力的国家等一系列问题。活动最后，两位教授现场回答了嘉宾提出的问题。100多位会员代表及与会嘉宾出席了此次会员活动。

2013年9月17日下午，博鳌亚洲论坛2013年第五次会员俱乐部活动在中国对外友协和平宫举行，博鳌亚洲论坛秘书长周文重主持了此次活动。英国前商务部长、欧盟前贸易委员彼得·曼德尔森勋爵应邀参加此次活动并就“欧洲经济吹响复苏号角？——欧盟和英国经济的现状与未来”做主题发言。曼德尔森向与会嘉宾深入阐述了英国人如何看待自己以及欧洲的未来，并对中欧贸易改革前景发表了自己独到的见解。曼德尔森勋爵在主题演讲后回答了嘉宾们感兴趣的问题，60多位博鳌亚洲论坛会员代表及特邀嘉宾出席了此次活动。

2013年9月24日下午，博鳌亚洲论坛召集部分在京会员代表在论坛秘书处举办研讨会，围绕论坛2014年年会主题和议题征求意见、展开讨论、集思广益。在2个小时的研讨中，来自包括金融、投资、IT、制造等多个领域的代表，对所处行业议题各抒己见。会员代表提供的很多建设性意见将体现在2014年年会日程中，使2014年的年会内容更贴近企业需求。博鳌亚洲论坛执行总监、研究院执行院长姚望主持会议。共有来自 10 家指定会员或友好单位的 15 位代表出席。

2013 年 10 月 3 日，博鳌亚洲论坛与太平洋经济合作理事会共同举办“亚太基础设施互联互通专题研讨会”。研讨会的重点在于互联互通的区域规划与投融资。约 200 人出席。与会嘉宾和代表赞成通过各种方式解决基础设施的资金缺口问题，对中国倡议的亚洲基础设施投资银行及后续措施抱有很大期望。澳大利亚全球基金会秘书长 Steve Howard 当日发表声明，支持这一倡议。研讨会提出的建议，将以报告形式送交 APEC 工商理事会。

2013 年 10 月 24 日，博鳌亚洲论坛副理事长曾培炎出席由博鳌亚洲论坛与芝加哥全球事务委员会共同举办的“中国、美国和世界经济形势”研讨会并发表演讲。曾指出，世界经济重心、全球市场重心正在加速向东亚地区转移。截至 2012 年，全球已经形成了三个 GDP 总量达到 17 万亿美元左右的经济板块，一是北美经济，二是欧盟经济，三是东亚经济。

2013 年 10 月 30 日，应美中贸易全国委员会的邀请，博鳌亚洲论坛在北京举办第四次中美企业家对话活动。博鳌亚洲论坛秘书长周文重和美中贸易全国委员会董事会主席柯爱伦联合主持对话。活动邀请近 20 名中美各行业知名企业的董事长及首席执行官出席，讨论的议题包括：中美经济前景及双方政府采取经济政策效果，中国进一步经济改革政策展望，美国政府逐渐退出量化宽松政策及其对美元汇率走势和国际资本流动的影响，中美双向投资的趋势、结构和热点以及中美企业在全球业务的合作及可行性等。对话期间，中国和美国的与会者重申，双方必须联合起来就推动商业合作，反对贸易保护主义继续努力。

2013 年 10 月 28 日上午，来京出席“东京 - 北京论坛”的日本前首相、博鳌亚洲论坛理事长福田康夫与曾培炎副理事长就 2014 年年会和未来一年的工作计划举行工作会谈。周文重秘书长汇报了论坛年会准备情况。他说，秘书处已就2014年年会主题、议题、重点分会广泛征求了论坛发起国、理事会成员、咨询委员、会员、合作伙伴等的意见，初步形成了130多个议题建议，内容涵盖亚洲和世界经济、区域合作、产业转型升级、金融改革、社会/环境/民生/公共服务、贸易、城镇化等八大领域。改革、转型、结构调整成为贯穿这些议题的主线。根据福田理事长、曾副理事长的指示，秘书处将在上述议题的基础上进一步细化，并根据经济形势的变化相应调整。初步日程将于11月中旬确定，并启动演讲嘉宾的邀请工作。福田理事长、曾副理事长指出，论坛作为亚洲和新兴经济体的首要对话平台，需要在硬件和内容方面进一步改进和创新，以适应亚洲和新兴经济体政、商、学等各界领袖的期望和要求。

2013年11月1日下午，巴西福塔莱萨大学人文科学中心教授、巴西非洲研究所所长、巴西非洲论坛总协调员蒙特（João Bosco Monte）在博鳌亚洲论坛秘书处举行题为“巴西投资优势”（The advantage of Investing in Brazil）的讲座。

2013年11月10至12日，中国新兴经济体研究会2013年年会暨2013年新兴经济体合作与发展论坛在广东广州白云国际会议中心举行。会议的主题是“新兴经济体发展与广东对外经贸合作新机遇”。此次会议由中国新兴经济体研究会、中国国际文化交流中心、广东工业大学主办，广东省新兴经济体研究会，广东工业大学金砖国家研究中心、广东财经大学国民经济研究所等的机构承办。同时得到博鳌亚洲论坛研究院、天泽能源集团有限公司等的支持。来自巴西、俄罗斯、印度、南非等金砖国家政府部门、外交使领馆、知名高校的学者以及中国社科院、博鳌亚洲论坛、广东省外事办、国内40多个著名研究机构和高校的官员、专家、学者和部分新闻媒体，约 200 人参加了此次会议。

2013 年 12 月 9 日，应中国太平洋经济合作全国委员会（PECC China）邀请，博鳌亚洲论坛秘书长周文重出席在北京国家会议中心举行的“APEC2014 研讨会 (APEC 2014 Symposium)”并主持“转型促增长：APEC 的作用 (New Areas of Growth through Economic Reform: Role of APEC)”分会。来自中国、加拿大、墨西哥、日本、中国香港和印尼的樊纲等 6 位知名学者围绕研讨会主题“APEC2014：机遇与任务 (APEC 2014: Opportunities and Priorities)”和分会议题介绍了本经济体在实施经济改革方面的措施与经验并进行了深入探讨。APEC2014 研讨会由中国太平洋合作全国委员会主办，是中国作为 2014 年 APEC 领导人非正式会议主办国在华主办的首场活动。

博鳌亚洲论坛 2014 年大事记

2014 年 1 月 8 日下午，博鳌亚洲论坛秘书处召开博鳌亚洲论坛 2014 年年会新闻发布会，周文重秘书长介绍了 2014 年年会筹备情况。周文重宣布，2014 年年会将于 2014 年 4 月 8 日至 11 日在中国海南博鳌举行，主题确定为“亚洲的新未来：寻找和释放新的发展动力”。

2014 年 4 月 8 日至 11 日，博鳌亚洲论坛 2014 年年会在中国海南博鳌举行，来自世界 52 个国家和地区的 1700 多位政商学界人士参加了年会。其中，包括 80 多位各国政府的部长级官员以及国际组织的负责人，150 多位世界五百强企业高管以及众多的学术界思想领袖。

2014 年 4 月 10 日，在博鳌亚洲论坛 2014 年年会开幕式当天，博鳌亚洲论坛在博鳌禅寺举办了“博鳌亚洲论坛 2014 年年会公益之旅”活动。

2014年6月28日至29日，博鳌亚洲论坛在北京国际饭店与中国国际经济交流中心、澳大利亚全球基金会共同主办“亚洲基础设施互联互通投融资研讨会”。29个亚洲国家以及美国、俄罗斯、澳大利亚和新西兰等国政府官员、专家学者约180名代表与会。

2014年9月4日至6日，博鳌亚洲论坛“能源、资源与可持续发展”会议在美国西北部城市西雅图举行会议，来自中国、美国、日本、韩国、印度和澳大利亚等国的大约350名代表出席。

2014年10月29日，博鳌亚洲论坛理事会工作会议在京召开，着重探讨即将于2015年3月末举办的2015年年会主题、议题，并就论坛长期和战略问题给予指导。论坛理事长、日本前首相福田康夫，副理事长、中国国务院原副总理曾培炎，法国前总理拉法兰，澳大利亚前总理霍克，哈萨克斯坦前总理捷列先科，俄罗斯工商会主席卡特林等理事、咨询委员出席工作会议。

2014年10月29日，中国国家主席习近平在人民大会堂会见博鳌亚洲论坛理事会工作会议代表。福田康夫代表博鳌亚洲论坛理事会邀请习近平出席论坛2015年年会，习近平愉快地接受了邀请。

2014年11月21日，博鳌亚洲论坛与斯里兰卡探路者基金会在斯里兰卡首都科伦坡联合举办中国斯里兰卡合作共建“21世纪海上丝绸之路”研讨会和主题晚餐会。来自中斯两国政府官员、企业家以及专家学者等200多位代表出席。

2014年11月24日到25日，博鳌亚洲论坛在迪拜举办金融合作会议，来自中国、阿联酋、卡塔尔、沙特、中国、日本、印度、巴基斯坦等亚洲国家以及欧洲、非洲、大洋洲国家的官产学各界300多位代表出席。

博鳌亚洲论坛2015年大事记

2015年1月20日，博鳌亚洲论坛在北京国贸大饭店举办2015年首次会员俱乐部活动："传承与开拓，合作与共兴——丝绸之路经济带的机遇与挑战"，就丝绸之路经济带这一目前广受关注的议题进行深入讨论和交流。

2015年3月19日，外交部发言人洪磊宣布，包括中国国家主席习近平等16位中外国家领导人将应邀出席博鳌亚洲论坛2015年年会。

2015年3月26日至29日，博鳌亚洲论坛2015年年会在中国海南博鳌举行，来自世界49个国家和地区的1772位政、商、学界人士，包括80多位各国政府部长级官员以及国际组织负责人，180多位世界五百强企业的负责人（地区负责人）以及众多学术界思想领袖，通过年会设置的77场活动，围绕"亚洲命运共同体"这一主题，进行广泛对话与交流。中外媒体1014位记者对本届年会进行全方位深度报道。

2015年5月14日，博鳌亚洲论坛秘书处通过尼泊尔驻华使馆向其"总理救灾基金"捐款5万元人民币。

2015年5月18日，首届博鳌亚洲发展论坛（澳门）在澳门金沙城中心举行，会期一天。论坛以"知识互联——亚洲发展的创新思路"为主题，是博鳌亚洲论坛与澳门青年联合会、澳门科技大学共同主办的面向年轻人的论坛。

2015年5月20日至21日，博鳌亚洲论坛和香港菁英会联合主办的第五届博鳌亚洲青年论坛（香港）在香港会展中心举行。论坛以"结构变革中的亚洲：青年的前瞻与角色"为主题。

2015年6月10日至11日，博鳌亚洲论坛与亚洲战略与领导力研究所（Asian Strategy & Leadership Institute）合作，在马来西亚吉隆坡举办能源、资源与可持续发展会议（BFA Energy，Resources and Sustainable Development Conference）。会议的主题是，“一带一路”建设与亚洲能源资源合作。其间，成立了博鳌亚洲论坛能源专家委员会。

2015 年 6 月 18 日，由博鳌亚洲论坛和圣彼得堡国际经济论坛联合主办的“中国经济新常态对亚洲增长和全球需求的影响”会议，在第 19 届圣彼得堡国际经济论坛 2015 年会框架下举行，使有关中国经济新常态的话题成为本届圣彼得堡论坛年会上的一大热点。

2015 年 7 月 30 日至 31 日，博鳌亚洲论坛与澳大利亚新南威尔士州（NSW）政府在悉尼共同举办“亚洲经济合作新愿景”会议，会期一天半，来自全球特别是亚太地区的近 300 位政府官员、行业领袖和专家学者出席。

2015 年 10 月 9 日至 11 日，博鳌亚洲论坛理事会在浙江杭州召开工作会议。10 月 9 日，中国国务院副总理汪洋在杭州集体会见来华出席博鳌亚洲论坛理事工作会议全体理事。

2015 年 11 月 8 日至 10 日，博鳌亚洲论坛金融合作会议（BFA Financial Cooperation Conference）在英国伦敦举行。会议以“亚欧金融互联新蓝图”为主题，来自亚欧两大洲 22 个国家和地区的 400 多位政、商、学界人士出席。其间，成立了博鳌亚洲论坛金融合作专家委员会。

博鳌亚洲论坛 2016 年大事记

2016 年 1 月 6 日，博鳌亚洲论坛在北京国贸大酒店举办 2016 年首次会员俱乐部活动：“路向何方——中国经济 2016 展望”，围绕中国经济发展新形势深入讨论和交流。

2016年3月22日至25日，以“亚洲新未来：新活力与新愿景”为主题的博鳌亚洲论坛2016年年会在海南博鳌举行。2100位商界精英、媒体领袖和经济学家从亚洲和世界各地62个国家齐聚博鳌，与中国国务院总理李克强等12国领导人和90多位部长展开深入讨论和对话。

2016年5月24日至26日，博鳌亚洲论坛能源、资源与可持续发展会议暨丝绸之路国家论坛在哈萨克斯坦首都阿斯塔纳的独立宫召开。会议由博鳌亚洲论坛和阿斯塔纳经济论坛共同举办。来自中国、俄罗斯、中亚五国等丝绸之路经济带沿线国家的政府官员、企业家和专家学者约300名代表出席。会议的主题是，“一带一路”对接欧亚经济联盟。会议呼吁亚洲国家加快构建能源资源伙伴关系。

2016年7月4日至5日，博鳌亚洲论坛金融合作会议在香港召开，主题为“金融促进实体经济”。来自不同地区的监管机构、国际组织、金融机构、跨国公司及学术机构代表250余人参加了当天的会议。会议指出，全球金融问题的根本在于结构性改革。为满足基础设施建设融资需求，应对全球风险和挑战，亚洲更应加强金融合作。

2016年7月15日，博鳌亚洲论坛2016年第三次会员及合作伙伴活动——“毕加索·走进中国”艺术展专场在北京山水美术馆举行，50多位论坛会员及合作伙伴代表参加。

2016年10月15日，博鳌亚洲论坛在华举行论坛战略发展研讨会暨理事工作会议。会议深入分析了当前世界和地区经济形势，研究了2017年年会时间、主题和重点议题方向，并提出初步方案。

2016年12月7日至8日，博鳌亚洲论坛与澳大利亚维多利亚州政府在墨尔本共同举办主题为《全球化未来》的会议。来自亚洲和新兴经济体10多个国家的300多位政商学界代表，共同探讨全球化的前景和新增长动力。会议呼吁，在推动全球化过程中，现有全球经济治理机构，应更多发挥引领、监管和矫正的作用。

博鳌亚洲论坛 2017 年大事记

2017 年 1 月 9 日下午，博鳌亚洲论坛在北京国贸大酒店举办新年首次会员俱乐部活动“变革中的机遇与挑战：全球经济 2017”。清华大学苏世民书院院长、清华大学中国与世界经济研究中心主任李稻葵应邀担任主讲嘉宾，对 2017 年全球经济的不确定性因素和发展前景及其对中国经济的影响、中国经济工作重心等议题进行深度分析。

2017 年 3 月 23 日到 26 日，博鳌亚洲论坛 2017 年年会在中国海南博鳌举行。年会的主题为“直面全球化与自由贸易的未来”。中国国家主席习近平向本届年会发来贺信，中国国务院副总理张高丽出席年会开幕式并发表题为“携手推进经济全球化 共同开创亚洲和世界美好未来”的主旨演讲。马达加斯加总统埃里、密克罗尼西亚联邦总统克里斯琴、尼泊尔总理普拉昌达、阿富汗议会长老院主席穆斯利姆亚尔、缅甸副总统吴敏瑞出席年会开幕式并讲话。本届年会吸引了来自亚洲内外 48 个国家和地区政、商、学界的 1823 位代表。26 日，博鳌亚洲论坛发布《关于促进经济全球化的宣言》。

2017 年 6 月 15 日，博鳌亚洲论坛一带一路：全球经济的新引擎会议在哈萨克斯坦首都阿斯塔纳的独立宫召开。会议由博鳌亚洲论坛和阿斯塔纳经济论坛共同举办，背靠主题为“新能源 – 新经济”的第十届阿斯塔纳经济论坛举行。来自中国、俄罗斯及中亚国家的政府代表、经济学家和企业领袖近 200 人出席。

2017 年 7 月 11 日，博鳌亚洲论坛在泰国曼谷举行以“亚洲区域合作：新挑战、新思路”为主题的会议。来自中国、泰国、新加坡、马来西亚、印尼、柬埔寨等 13 个国家和地区的 400 多名代表出席会议。

2017 年 7 月 24 日晚，博鳌亚洲论坛和比尔及梅琳达·盖茨基金会在北京联合举办主题为“创新与合作——乐观主义者眼中的未来”的高端对话活动。

2017 年 9 月 14 日至 15 日，博鳌亚洲论坛与法国展望与革新基金会在巴黎共同举办题为“一带一路：亚欧战略对接”的专题会议，探讨“一带一路”与容克计划等各国发展计划的对接。来自 19 个国家和地区的 300 多名代表出席。曾培炎副理事长在开幕式上发表题为“携手‘一带一路’开创亚欧共同发展新时代”的主旨演讲。

2017 年 10 月 9 日至 10 日，博鳌亚洲论坛在西安举办战略发展研讨会暨理事工作会议。

2017 年 11 月 2 日，博鳌亚洲论坛与香港菁英会在香港会议展览中心共同举办主题为“直面全球化与自由贸易的未来——青年的角色”的第六届博鳌亚洲青年论坛（香港）。

2017 年 11 月 5 至 6 日，博鳌亚洲论坛与澳门青年联合会、澳门科技大学共同举办主题为“智慧城市与亚洲地区发展”的“2017 博鳌亚洲论坛发展峰会（澳门）”。共有 1600 多位代表出席本次峰会。

博鳌亚洲论坛章程

前言

2001年2月27日，来自澳大利亚、孟加拉人民共和国、文莱达鲁萨兰国、柬埔寨王国、中华人民共和国、印度共和国、印度尼西亚共和国、日本国、伊朗伊斯兰共和国、哈萨克斯坦共和国、吉尔吉斯共和国、老挝人民民主共和国、马来西亚、蒙古国、缅甸联邦、尼泊尔王国、巴基斯坦伊斯兰共和国、菲律宾共和国、大韩民国、新加坡共和国、斯里兰卡民主社会主义共和国、塔吉克斯坦共和国、泰王国、土库曼斯坦、乌兹别克斯坦共和国和越南社会主义共和国等二十六个国家的代表在中华人民共和国（以下简称“中国”）海南省博鳌召开大会，正式宣布成立博鳌亚洲论坛。

经2006年和2016年理事会通过并由会员大会批准，新增以色列、新西兰和马尔代夫为论坛发起国，发起国数量由此增加为29个（简称“29个发起国”）。

本章程根据《博鳌亚洲论坛宣言》和《博鳌亚洲论坛章程指导原则》确立的精神制订。

第一章 总则

第一条 名称

本组织的名称为“博鳌亚洲论坛”（以下简称“论坛”）(英文名称为 Boao Forum For Asia，缩写 BFA)。

第二条 性质

论坛为非官方、非营利性、定期、定址的国际组织。

第三条 宗旨

1. 立足亚洲，促进和深化本地区内和本地区与世界其他地区间的经济交流、协调与合作；

2. 为政府、企业及专家学者等提供一个共商经济、社会、环境及其他相关问题的高层对话平台；

3. 通过论坛与政界、商界及学术界建立的工作网络为会员与会员之间、会员与非会员之间日益扩大的经济合作提供服务。

第四条 法律管辖

遵守中华人民共和国宪法和法律法规，尊重当地的社会道德习俗。

第五条 会址

中国海南博鳌为论坛总部的永久所在地。论坛的注册地址为中国海南省琼海市博鳌金海岸大道 1 号。

第二章 业务范围

第六条 业务范围

论坛的业务范围包括：

1. 召开年会、研讨会以及其他学术讨论会，讨论亚洲和世界经济与社会发展，包括金融、贸易、投资及环境等领域的重要问题；

2. 提出地区性或全球性的倡议，促进和加强各国政府与商业实体之间在商贸和投资方面的合作关系；

3. 跟踪影响全球和地区经济的动向；

4. 甄别可能影响贸易、金融和社会发展的各种问题；搜集和发布相关信息，突显地区经济合作机会；

5. 通过论坛建立的工作网络，增进区域内外企业间联系；

6. 创建和成为具有国际影响力的研究及培训中心，为商业团体提供先进的管理经验和技术；

7. 独立或合作开展有助于实现论坛宗旨的会议展览、信息交流、经济评估、教育培训、电子商务等各类活动。

第三章　会员

第七条　会员类别

1. 论坛设正式会员和非正式会员。

发起会员、荣誉会员、钻石会员和白金会员为正式会员；普通会员和临时会员为非正式会员。

2. 发起会员系指 29 个发起国按照各国所分配的名额（每个国家 2 名）派出的、参加论坛所有活动，包括决策过程的前政要、知名人士和非营利机构；

3. 荣誉会员系指为论坛的创建和发展作出重要和实质性贡献的个人、企业和组织；荣誉会员不超过 10 名；

4. 钻石会员和白金会员系指参加论坛所有活动包括决策过程，且其申请已经被批准的个人、企业和组织；

5. 普通会员系指以出席、观摩论坛年会以及其他活动为目的，且其申请已经被批准的个人、企业和组织；

6. 临时会员系指一次性缴费出席、观摩论坛年会及其他业务活动，且其申请已经被批准的个人、企业和组织。

第八条　会员条件

1. 有加入论坛的意愿；

2. 同意遵守论坛章程；

3. 在所从事的领域内具有一定的影响；

4. 愿意履行论坛会员义务。

第九条　加入

申请人按照论坛规定的程序，提交书面申请，由论坛有关机构审核批准。

第十条　会员权利

（一）正式会员享有以下权利：

1. 论坛会员大会发言权、表决权以及理事会理事的选举权和被选举权；

2. 对论坛年会及其他活动议题的建议权；

3. 参加论坛年会；

4. 与政府、商界及学术界领袖优先进行直接交流；

5. 获得论坛提供的信息，并经授权，优先使用论坛网站的经济信息数据库；

6. 通过论坛建立的工作网络寻求商机；

7. 就“企业诊断”寻求论坛帮助；

8. 委托论坛就其所关心的问题举办专题研讨会；

9. 委托论坛就其商业拓展计划进行市场分析和法律咨询；

10. 委托论坛推荐或培训人才；

11. 优先享有论坛举办各类活动的承办权或赞助权；

12. 经授权享有“博鳌亚洲论坛会员”的冠名权；

13. 得到具有国际资质的审计事务所提交的年度审计报告；

14. 享有博鳌水城给予论坛的各种优惠待遇；

15. 享有论坛理事会赋予的其他权利。

但如正式会员要享受（七）至（十）条的权利，博鳌亚洲论坛将收取适当费用。

（二）普通会员享有以下权利：

1. 出席论坛年会；

2. 获得论坛提供的信息，并经授权，使用论坛网站的经济信息数据库；

3. 通过论坛建立的工作网络寻求商机；

4. 优先参加论坛举办的有关商务活动；

5. 委托论坛推荐或培训人才；

6. 享有博鳌水城给予论坛的部分优惠待遇；

7. 享有论坛理事会赋予的其他权利。

（三）临时会员享有以下权利：

1. 一次性出席、观摩论坛年会或其他活动；

2. 享有论坛制定的与当次活动有关的待遇。

第十一条　会员义务

会员义务包括：

1. 遵守并执行论坛决议；

2. 遵守论坛章程及有关规定；

3. 按时参加会员大会及论坛相关活动；

4. 保护论坛合法利益；

5. 依据论坛有关规定交纳会员费；

6. 向论坛提供真实可靠的资料与信息；

7. 论坛理事会规定的其他相关义务。

第十二条　会员退会

1. 会员有权利退会；

2. 会员决定退出论坛时，应提前 2 个月书面通知论坛秘书长。一旦接到秘书处书面确认，其会员资格即被视为终止；

3. 会员退会程序按会员招募细则有关规定执行。

第十三条　会员资格终止

任何会员有违法行为，或与论坛失去联系两年以上，秘书处报经理事会同意有权终止其会员资格，但应事前通知该会员，该会员有权要求举行听证会。

第四章　组织机构与官员任免

第十四条　组织机构

论坛的主要组织机构如下：

1. 论坛会员大会；

2. 理事会；

3. 秘书处；

4. 研究培训院；

5. 咨询委员会。

第十五条　会员大会

（一）会员大会为论坛的最高权力机构，每年举行一次。会员大会由论坛秘书处负责筹备，有关会议事宜应提前通知所有会员。

（二）因不可抗力未能将召开会议的通知送达某一或某些会员的，或某一或某些会员因故未能参加会员大会，在符合法定人数的情况下，不影响会员大会的进程。

（三）会员大会的权力：

1. 审议通过论坛章程或章程修改议案；

2. 选举理事会理事；

3. 通过由秘书处提交并经理事会审议的年度工作报告和年度预算；

4. 讨论会议议程中规定的其他事项；

5. 讨论由正式会员提出的其他书面动议，该动议应由至少四分之一正式会员签署，并在会前两个星期提交论坛秘书处。

（四）会员大会决议由参加大会的全体正式会员半数以上通过。

（五）会员大会主席由理事长担任。如果理事长不能出席，应委托副理事长或一位其他理事代替其行使职责。此外，应在正式会员中产生若干联合主席。

第十六条　会员大会法定人数及投票

出席会员大会的法定人数为全体正式会员人数的三分之二。

所有正式会员在会员大会或会员大会特别会议上均有投票权。投票采取举手表决的方式，或经至少三名正式会员或一名理事会成员的要求采取不记名投票的方式进行表决。根据会员大会所制订的有关规则，允许会员指定代表进行投票。

第十七条 会员大会特别会议

在会员大会闭会期间，理事会有权根据四分之一以上正式会员的书面提议，召开会员大会特别会议，讨论不能延至下届会员大会处理的有关紧急事项。

第十八条 论坛理事会

1. 理事会为会员大会的最高执行机构，向会员大会负责；

2. 理事会理事由论坛正式会员在会员大会上以简单多数通过方式产生；

3. 理事会每年举行一次会议，与会员大会同期在论坛总部所在地举行；

4. 经三名以上理事提议，多数理事同意，理事长可应召开理事会特别会议。

第十九条 理事会组成

1. 论坛理事会由 19 名理事组成，第一届理事会的任期为 5 年，此后的理事会每届任期 3 年。理事可连选连任，但任期不超过两届。理事会的选举，应考虑保持论坛政策方向和愿景实施的连续性；

2. 17 名理事从各国，特别是亚洲国家中具有影响力的前政要、高级官员、专家学者、企业界领袖等人士中选出，可连选连任，但任期不超过两届；

3. 论坛秘书长和东道国首席代表为理事会当然理事；

4. 理事会组成要注意地理区域均衡的原则，不得有 4 位以上理事来自同一国家或经济体；

5. 理事会理事人数经会员大会批准后可进行增减。

第二十条 理事长和副理事长

1. 理事会设理事长和副理事长；

2. 理事长和副理事长由出席理事会会议的三分之二以上理事选举通

过产生，候选人的产生，要注意地理区域均衡的原则；

3. 副理事长由东道国首席代表担任；

4. 第一届理事长及副理事长任期为五年，可连选连任。以后的理事会任期为 3 年；

5. 如若理事长因故无法担任其职务，副理事长应担任代理理事长，直至下一次理事会会议；该会议选举出的理事长之任期应为前任理事长余下之任期。

第二十一条　论坛理事会的职责

理事会的职责包括：

1. 对整个论坛的活动监督和管理；

2. 审议由秘书处向会员大会提交的论坛年度工作报告和年度预算；

3. 任命论坛秘书长和副秘书长；

4. 审议论坛章程修改议案；

5. 批准论坛重大的规章制度；

6. 决定会员大会的召开，并审议通过会员大会议程；

7. 会员大会授权的其他职责。

第二十二条　理事会决议的产生

除本章程和有关规则另有规定外，理事会决议由出席理事会会议的全体理事以简单多数通过并生效。每个理事有一个投票权。理事会也可采取非会议形式对论坛重大问题或紧急事项做出决议。

第二十三条　理事长职责

理事长职责应为：

1. 主持理事会会议和会员大会；

2. 监督有助于实现论坛宗旨、促进论坛利益的中、长期计划和项目的制定；

3. 经理事会授权，可代表论坛签署非协议性的、非约束性的和非行政性的往来文书和函件；

4. 向会员大会报告理事会的工作；

5. 行使理事会赋予的其他职责。

第二十四条　副理事长职责

1. 协助理事长行使职责；

2. 在理事长不能履行其职责时，代为行使理事长职责；

3. 支持和指导论坛及秘书处的日常事务；

4. 行使理事会赋予的其他职责。

第二十五条　秘书处

秘书处为论坛常设执行机构，其职责如下：

1. 负责论坛所有会议的筹备；

2. 执行会员大会和理事会的决议；

3. 准备论坛年度工作报告和年度预算，提交理事会审议；

4. 负责论坛资金筹措和运作；

5. 负责起草或修改论坛的规章制度，并报理事会批准；

6. 负责会员入会、退会、日常联络等相关服务；

7. 在研究培训院的协助下，组织起草并发表与论坛业务相关的经济预测；待研究培训院运转正常，这一职能就转移到研究培训院；

8. 在研究培训院的协助下，负责为论坛年会、研讨会及其他专题会议提供智力资源；待研究培训院运转正常，这一职能就转移到研究培训院；

9. 在研究培训院的协助下，为会员和其他合作方提供人力资源培训；待研究培训院运转正常，这一职能就转移到研究培训院；

10. 在研究培训院的协助下，负责建立亚洲地区乃至全球范围内工作网络及信息交流中心；待研究培训院运转正常，这一职能就转移到研究培训院；

11. 负责理事会委托的其他事务；

12. 协助理事长履行其职责。

第二十六条　秘书长

秘书长为论坛的法人代表、首席执行官并领导秘书处，任期三年，经理事会批准可延任，但任期不超过两任。其职责如下：

1. 负责论坛的日常事务，对外代表论坛；

2. 负责主持除论坛会员大会及理事会会议之外的论坛所有会议；

3. 执行理事会批准的规章制度；

4. 聘用、提拔及解聘秘书处职员；

5. 提出调整秘书处职能部门或论坛办事处的议案，报理事会审议批准；

6. 负责执行理事会委托或授权的其他事务。

第二十七条　副秘书长

经理事会决定，论坛设副秘书长若干名。副秘书长可由秘书长提名，并由理事会任免。如其他理事提名副秘书长，在提交理事会批准之前，应得到秘书长同意。副秘书长任期三年，经理事会批准可延任。

副秘书长职责如下：

1. 负责论坛的日常事务，对外代表论坛；

2. 负责主持除论坛会员大会及理事会会议之外的论坛所有会议；

3. 执行理事会批准的规章制度。

第二十八条　秘书长、副秘书长职务终止

秘书长和副秘书长在下列情况下终止职务：

1. 提前三个月向理事长提出书面辞呈；

2. 理事会会议三分之二以上理事通过免职决议，在此情况下，其有权要求举行听证会；

3. 无法履行其职务；

4. 受到刑事处分。

第二十九条 研究培训院

研究培训院是论坛重要的智力支持机构。其主要职能包括：在对世界经济研究分析基础上，提出年会主题和议题；组织起草并发表与论坛业务相关的经济预测；负责为论坛年会、研讨会及其他专题会议提供智力资源；为会员和其他合作方提供人力资源培训；负责建立亚洲地区乃至全球范围内工作网络及信息交流中心；待研究培训院运转正常，上述职能由秘书处转移到研究培训院。

研究培训院院长通过公开招聘后，由秘书长提名，理事会任命。

第三十条 咨询委员会

1. 论坛设咨询委员会，委员会成员 19 名，由理事会从曾经担任过理事并对论坛工作做出过积极贡献的人士以及其他各界知名人士中选举产生。咨询委员会从其成员选举产生一名主席并视情选举产生若干副主席。咨询委员会成员任期 3 年，可连任，但不得超过两届；

2. 咨询委员会在论坛年会期间举行会议，或不定期就与论坛事务相关的重大问题提出咨询和意见；

3. 咨询委员会成员不领取薪酬，但因履行职能所产生的费用，根据秘书处相关规定，由论坛支付；

4. 咨询委员会成员每年应邀作为嘉宾参加年会。

第五章　资产管理和使用

第三十一条　论坛经费来源

1. 会员费；

2. 参会费；

3. 捐款；

4. 政府资助；

5. 在论坛业务范围内开展活动或服务的收入；

6. 论坛资金的利息；

7. 其他合法收入。

第三十二条　经费的使用

论坛所有的经费应用于实现论坛宗旨，且在本章程及其相关细则规定的范围内使用。

第三十三条　财务管理

遵守国际公认的会计准则及东道国财务法规，确保所有会计资料合法、真实和完整。

每年应由具有国际认证资格的会计师事务所对论坛的账目进行审计。

论坛正式职员保险、福利及其他待遇，可参照东道国相关行政法规。

第六章　章程的修改

第三十四条　章程修改程序

1. 章程修正案应由秘书处提交给理事会审议，并由会员大会批准；

2. 章程修正案在会员大会通过后并报登记机关核准后生效。

第七章 论坛解散

第三十五条 解散程序

论坛的解散应按照以下程序进行：

1. 论坛解散议案在经理事会审议后，提交论坛会员大会；

2. 会员大会根据上述议案，做出解散论坛的决议；

3. 解散论坛的决议须通知东道国注册机关。

论坛在解散之前，应根据国际惯例和东道国法律法规设立清算委员会，对论坛资产及债务进行清理。

论坛资产在偿付债务和按有关规定退还会员费后，如有剩余，则应在注册机关的监督下，捐予或用于发展与本论坛宗旨相关的事业。

第八章 附则

第三十六条 章程细则

本章程未尽事宜在相关细则中加以规定；该细则经理事会批准后生效。

第三十七条 语言

本论坛的正式语言为英文和中文。

第三十八条 解释

本章程的解释权属论坛理事会。

第三十九条 生效

本章程 2016 年 3 月 23 日在中华人民共和国海南省博鳌召开的论坛会员大会上通过。

后 记

本书以2018年博鳌亚洲论坛召开为契机，以新华社的视角对博鳌亚洲进行一个全方位的关注和记录，通过博鳌亚洲论坛简介、2018年博鳌亚洲论坛盛况、与博鳌亚洲论坛相关的专家观点和域外声音、博鳌亚洲论坛影响力、构建人类命运共同体、奋进新时代、历届博鳌亚洲论坛回顾等内容，对博鳌亚洲论坛进行了一个共时和历时的梳理，并展望未来。本书不但具有知识性和资料性的特点，而且对于博鳌亚洲论坛在新时代中国特色大国外交中扮演的角色进行了全方位的展示。因此，本书适合对国际外交、区域政治、宏观经济等领域感兴趣的读者参阅。为方便阅读，在尊重事实的前提下，我们对部分稿件的标题和正文作了必要的修改。

在本书付梓之际，特向以下作者致谢：阿斯钢、陈家宝、丛亚平、崔白露、邓敏、董成文、耿学鹏、韩洁、韩梁、韩墨、侯丽军、胡晓明、季伟、姜俏梅、金正、康逸、李金红、李晓渝、梁辉、凌广志、凌朔、刘畅、刘邓、刘红霞、刘华、刘天、刘彤、刘向、柳昌林、柳丝、罗江、毛鹏飞、潘洁、邱夏、孙一然、谭谟晓、田明、涂超华、汪瑾、汪亚、王存福、王晖余、王可佳、王乃水、王尚、王腾飞、王义桅、王优玲、王卓伦、吴昊、吴茂辉、辛识平、徐海静、严蕾、杨柯、杨士龙、杨汀、杨舟、叶书宏、袁梦晨、袁悦、张大成、张旭东、赵叶苹、郑汉根、郑江华、郑思远、周慧敏、周正平（排名不分先后）。

因编者水平有限，书中不当之处，敬请读者朋友指正。